周玉冰◎著

合肥市科学技术协会 组织编写

追寻科学之光的故事

青春力量

The Power of Youth
Pursuing the Light of Technology

APETIME
时代出版

时代出版传媒股份有限公司
安徽科学技术出版社

图书在版编目(CIP)数据

青春力量：追寻科学之光的故事 / 周玉冰著. --合
肥：安徽科学技术出版社，2024.1

ISBN 978-7-5337-8883-4

Ⅰ.①青…　Ⅱ.①周…　Ⅲ.①科学家-事迹-中国-
现代-青少年读物　Ⅳ.①K826.1-49

中国国家版本馆 CIP 数据核字(2023)第 213131 号

QINGCHUN LILIANG　ZHUIXUN KEXUE ZHI GUANG DE GUSHI

青春力量 追寻科学之光的故事　　　　周玉冰　著

出 版 人：王筱文　　　选题策划：陈芳芳　　　责任编辑：陈芳芳
责任校对：程　苗　　　责任印制：廖小青　　　装帧设计：武　迪
出版发行：安徽科学技术出版社　　　http://www.ahstp.net
（合肥市政务文化新区翡翠路 1118 号出版传媒广场，邮编：230071）
电话：(0551)63533330
印　　制：安徽新华印刷股份有限公司　　电话：(0551)65859178
（如发现印装质量问题，影响阅读，请与印刷厂商联系调换）

开本：635×890　1/16　　印张：15.5　　字数：149 千
版次：2024 年 1 月第 1 版　　2024 年 1 月第 1 次印刷

ISBN 978-7-5337-8883-4　　　　　　　　定价：49.80 元

序

窗外冬日暖阳，色彩斑斓的科学岛，美得精致而蕴藉。

桌上一本小册子，一张张熟稔的青春的脸庞浮现。

于是，我知道，这科学岛的颜色，应该是你们，以青春的力量为名义，以勃发的志气为笔，以浪漫的忠诚为墨，和着汗水与灵感，一笔一笔精心描绘而成的。

科学岛的美，是因为，你们青春的样子。

科学岛的青年是沉静的，波澜不惊，守望大气，赤诚初心。

科学岛的青年是灵秀的，观天察地，明眸善睐，剔透晶莹。

科学岛的青年是执着的，前沿未知，一往无前，独运匠心。

科学岛的青年是火热的，人民疾苦，满怀悲悯，砥砺前行。

科学岛的青年是智慧的，寂静深海，挥舞长臂，指挥若定。

科学岛的青年是奋斗的，尖端急需，发愤图强，自尊自信。

科学岛的青年是高远的，世界纪录，舍我其谁，挥洒激情。

科学岛的青年是卓越的，厚积薄发，超越引领，协力创新。

你们因科学岛而不断成长，科学岛因你们而永葆青春！

是为序。

目　录

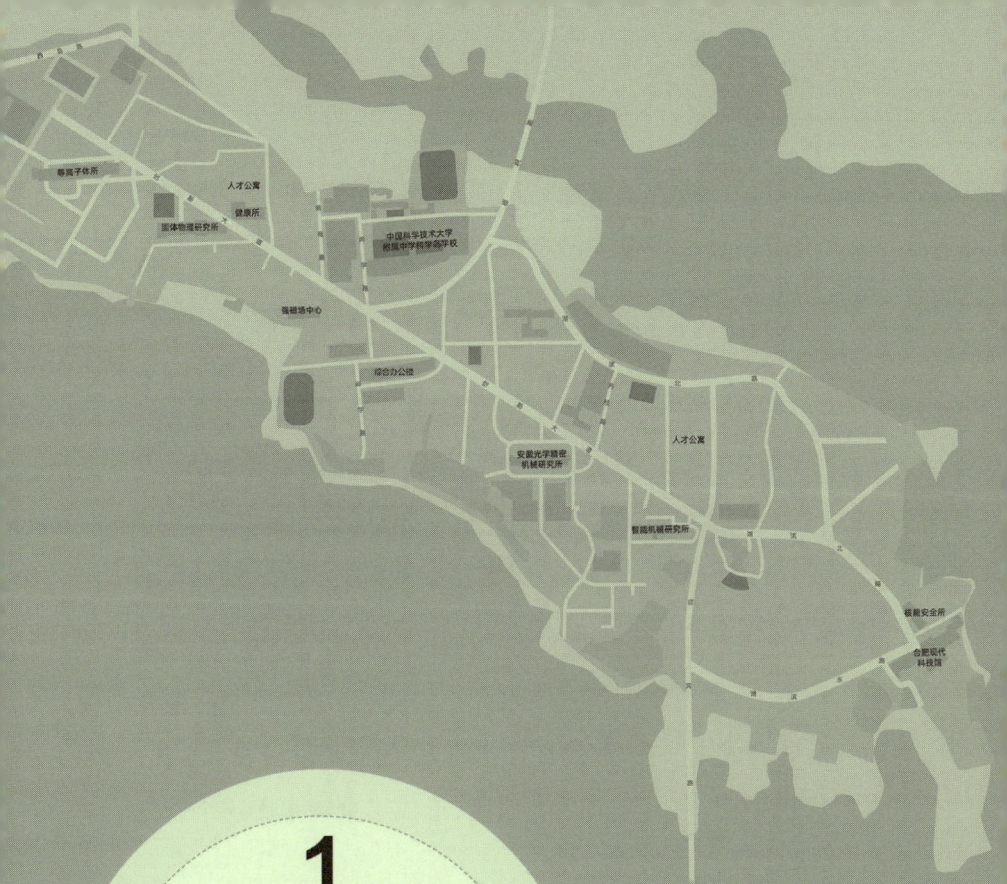

蓉离子体所
国体物理研究所
人才公寓
健康所
中国科学技术大学
附属中学科学岛学校
强磁场中心
综合办公楼
安徽光学精密
机械研究所
人才公寓
智能机械研究所
核能安全所
合肥现代
科技馆
沈
浣

1

绪言

合肥有个科学岛

合肥是科教之城。

在城市的西北角，有一片水域，称为董铺水库，是合肥饮用水取水之源。

伸入水中的长条形半岛，今天普遍称之为科学岛。

历史上，蜀山脚下是一汪水泽。曾经，合肥的母亲河南淝河经常肆虐成灾。在"敢教日月换新天"的二十世纪五十年代，人们肩挑手挖，在南淝河之上截流，形成了董铺水库这个合肥的"大水缸"。

水很清澈，倒映着科学岛上的绿树浓荫。这得益于淠史杭干渠将大别山之水源源不断地引进来。

于是，有了水映蓝天、绿树成荫的董铺岛。

1959年，安徽省委第一书记曾希圣主导，决定投入3000多万元，在岛上建大型省级宾馆，苏联专家参与了设计。由于"三年困难时期"，1961年宾馆项目下马，空留下四座大楼和别墅群。

那是一个物资极其匮乏的年代。这些建筑在等待时代给予新的使命。

1964年春,人民解放军空军接收董铺岛。

这年5月,国家计委下达批文:"同意将安徽省合肥董铺宾馆停建工程及该工程原有的器材、设备等固定资产拨交给国防部第六(航空)研究院第30所继续建成使用。"随后,时任安徽省委书记、副省长张恺帆,国防部第六研究院院长唐延杰等在报告上签章交接。第二年,国防部第六研究院整建制转隶第三机械工业部。

1965年1月的一天。一份电报送到了时任中国科学院党组书记、副院长张劲夫的手中。电报是第三机械工业部党组发来的,电文如下:

原经安徽省委同意,我部拟利用合肥董铺的建筑物建立一个研究机构和办一所学校。最近中国科学院提出,他们拟在合肥设立新点,董铺比较理想,为此他们与安徽省委联系过,省委表示:只要三机部同意就可以。根据科学院需要的情况,经我们研究,认为交给科学院使用较好。

"这好啊,岛上适合做科研。"张劲夫说道。

张劲夫是安徽肥东人,清楚合肥的地理环境,立即签字,将董铺岛划转给中国科学院。

1965年1月6日,虽然春寒料峭,但已然带着暖意。这天,中国科学院正式接收董铺岛。为顺应国防科研的需求,加强对激光的科学研究,这里将作为激光技术研究基地重新启用。

当时,中国科学院在全国有4个所研究激光,另外3个分别是长春、上海、西安光学精密机械研究所。董铺岛抓住了这一历史机遇,在此设立"6516工程"筹建指挥部。

1970年12月3日,中国科学院安徽光学精密机械研究所(下文简称"安徽光机所")正式成立。成立报告中提到了4个方面的任务,其中有一条为"大功率激光装置在可控热核反应方面的应用要积极探索和研制"。

为此,中国科学院举全院之力,抽调人才奔赴科学岛,参照上海光学精密机械研究所的建制,陆续建立了激光器研究室、晶体生长研究室及电子技术、光谱学、光学设计、光学镀膜等研究室,还有一个设备齐全的附属工厂。两年后,这里设立了"受控站",主要从事受热核聚变受控研究,也就是人们所讲的"人造小太阳"。

造一个太阳来产生光和热,这似乎是童话里的情节,而在这里开始将童话故事变为现实。

1971年,一条很漂亮的长江路穿过合肥市中心,向大蜀山延伸。四牌楼有了一座很气派的百货大楼,算是为合肥增添了时尚的商业气息。

但三面临水的董铺岛只有大北门有通往岛外的唯一通道。岛上生活还不方便,买生活用品要乘班车去城里。进城的路要围着水库绕一圈,去一次需要半天。

就这样,建设董铺岛通往大蜀山的桥坝道路被提上了日程。这条路建成了，就可以沿着长江路进入合肥市区。

1981年4月，草长莺飞，春光明媚。

这天，一群科技工作者聚在一起，举行蜀山湖大桥开工典礼，中国科学院副院长华罗庚应邀出席。

华罗庚是著名数学家，他的成才经历催人奋进，他是无数青年人的偶像。他的到来，成为很长一段时间街头巷尾的话题。

第二年，蜀山湖上一桥飞架南北。岛上的人们进入市区方便多了。

1978年3月，党中央召开了全国科学大会，明确了党的主要工作任务已经转向经济建设。科学技术是第一生产力，成为全社会的共识。

科学界的春风吹拂，科技工作者的内心流淌着一股清泉，许多人渴望重新走上科研舞台。

为落实党中央、国务院"建一个以基础科学和新兴科学技术为主的综合性科研教育基地"的精神，1978年4月19日，中国科学院向国务院副总理方毅呈送报告，申请成立中国科学院合肥分院。报告经过了时任国家主席华国锋的批准。

1978年11月28日，中国科学院合肥分院正式成立，这是顺应时代潮流的科技发展之举。董铺岛上拟新建等离子体物理（受控热核反应）研究所、固体物理研究所、智能机械研究所、金属腐蚀和防护研究所、科学仪器工厂、计算站等科研生产服务单位。

1980年8月的一天，董铺水库的湖面上，微风轻拂，波光粼粼。

年近七旬的葛庭燧来到董铺岛。他边看边说："这里好，三面环水，离市区很远，适合静下心来做研究！"

葛庭燧，1913年出生于山东蓬莱的一个农家，父亲葛启彬在他9岁那年病故，他由长兄葛庭烜供养读书。1937年，葛庭燧毕业于清华大学，师从中国现代物理学"四大元老"叶企孙、胡刚复、吴有训和饶毓泰。1940年，他获取燕京大学理学硕士学位。1941年6月，葛庭燧与未婚妻何怡贞一道赴美做有关催化物料的气体吸附热的研究。在美国芝加哥大学金属研究所，葛庭燧首创用于低频内耗测量的扭摆，后来被国际上称为"葛氏摆"。不久,他又成了首个发现晶粒间界内耗峰的人。后来这个内耗峰被国际上称为"葛氏峰"。

1949年10月,新中国成立。已经被国际上誉为"金属内耗研究大师"的葛庭燧带着夫人何怡贞和儿女回到祖国怀抱,担任首个清华大学物理学系教授兼中国科学院应用物理研究所研究员。1955年,他当选为中国科学院学部委员(院士)。

随后,葛庭燧带领一批科技人员,着手筹建固体物理研究所。这是筚路蓝缕、以启山林的艰苦过程,他的妻子何怡贞也参与其中。

何怡贞是山西灵石人,她的父亲何澄曾参加辛亥革命,视野开阔,重视子女教育。何怡贞与胞妹何泽慧、何泽瑛享有科坛"何氏三姐妹"之誉,作为高级访问学者,她先后在西德斯图加特马普金属所、物理所和法国国家应用科学学院(里昂)从事用高压电镜研究金属玻璃的工作,并在法国各地考察了有关非晶态物理方面的科研动向。固体物理所筹建后,她带领的关于机械混合非晶化的研究取得了重要进展,为非晶合金的应用开辟了广阔前景。

1982年3月,草长莺飞,董铺岛上的柳树醉染春烟。中国科学院固体物理研究所正式成立了。葛庭燧激情洋溢,宽敞明亮的实验室是他们亲手粉刷的,试验台也是他们亲手砌成的。他提出了一个响亮的口号:"摸爬滚打、勤俭建所",告诉大家固体所的研究任务:以新材料为主要研究对象,研究材料科学中的内耗问题,以及载人航天、高分探测、先进核能、信息能源、环境安全等特殊环境下服役材料的研制。

在此之前,葛庭燧参与创建了3个研究所:1945年在美国,他参与筹建了芝加哥大学金属研究所;1950年,他在北京参与创建了中国科学院应用物理研究所;1952年,他在沈阳参与创建了中国科学院金属研究所,曾任副所长。

做科研,关键靠科研骨干。当时,国家各行各业都缺乏人才。葛庭燧放眼全国物色人才。当时的调人程序是:先物色好人,征得对方同意后,再经省人事局科技干部处批准后发出调令。当时省人事局科技干部处3个月才研究一次调人事宜。葛庭燧十分着急,这样的办事机制和效率,科研工作哪里能等得起啊!

机会来了。1983年春节,安徽省委书记黄璜来岛看望科技人员。黄璜勤勉、务实,他开诚布公地问葛庭燧的困难。葛庭燧让在场的姜文学汇报了固体所在调人中遇到的困难。

"科学技术是第一生产力,时间耽误不得。你们需要人才,程序上可以特事特办。"黄璜当场表示,可以先调人,后补办手续。

姜文学立即在本子上记下来,把本子交给黄璜,说道:"书记,请您看我记得可准?如果我记得没有错,书记能否在本子上签个字,这样我就可以向省人事局汇报。"

黄璜看了看,拿起笔就签下了自己的名字,并署上了日期。

这样一来，选人调人果然顺畅多了。一年多的时间里，他们从上海、陕西、四川、辽宁等地调来十多位科研骨干，这些科研人员云集在董铺岛，潜心研究。

1985年8月，中国科学院批准建立了由葛庭燧院士任主任的"内耗与固体缺陷开放研究实验室"，这是中国对外开放的17个实验室之一，也是国际上几个大型内耗研究中心之一。仅仅一年之后，开放室的13篇关于"晶粒间界内耗研究新进展"的论文就获得了中国科学院科技进步一等奖。

葛庭燧还注重人才的培养。这一年固体物理所录取了博士研究生。葛庭燧的博士生有倪军、方前锋等，何怡贞的博士生有马学鸣、李晓光等。

不仅仅是固体物理研究所，其他研究所也一样，大家都尽力克服种种困难，纷纷在各自的领域取得重大成绩。杨振宁、丁肇中、严济慈、程开甲等著名科学家前来这里访问和讲学。

"合肥有个科学岛。"这样的说法逐渐传开。

1986年12月，中国科学院合肥分院创刊《科学岛》，时任中国科学院院长卢嘉锡题写了刊头。

该年12月15日的试刊号上，有句发刊词：以充实的内容和栏目，融科学性、知识性、思想性、趣味性为一体，成为科技人员的良师益友，成为社会了解合肥分院的窗口，成为指导工作、交流经验和两个文明建设的有力工具。

1998年9月24日，中共中央总书记江泽民来到这里。他看到岛上树木参天、环境优雅，高兴地说，这里很适合科学研究，要注意保护，为科学家创造一个宁静的工作环境。在视察等离子体所后，他欣然题写了"科学岛"三个刚劲有力的大字。

此后，"科学岛"作为地名，迅速在社会上传播开来并得到广泛认可，"董铺岛"这个名字逐渐淡出人们的视野。

2002年5月8日，一份《关于"合肥分院"更名为"合肥物质科学研究院"的请示报告》呈送给了中国科学院人教局。报告称，根据中国科学院实施知识创新工程试点工作的总体部署，合肥分院及安徽光机所、固体物理研究所、等离子体物理研究所（下文简称"等离子体所"）等三个研究所开始整合，对外以中

国科学院合肥研究院的名义开展工作。但随着各项工作的全面展开,科研人员越来越感到合肥研究院这个暂用名多有不便,为进一步改革、理顺组织关系和减少对外交往等带来的不利影响,特请示整合后的正式名称拟定为"中国科学院合肥物质科学研究院"。

2003年5月27日,中国科学院院长路甬祥、安徽省副省长张平为"中国科学院合肥物质科学研究院"揭牌。科学岛又进入一个新的发展时期。

50多年的星河光转,50多年的励精图治,中国科学院合肥物质科学研究院已有安徽光机所、等离子体所、固体物理研究所、合肥智能机械研究所、强磁场科学中心、核能安全技术研究所和健康与医学技术研究所等7个研究单元,拥有30多个国家及省部级重点实验室和研究中心,10多个大型实验平台。建成并运行全超导托卡马克核聚变实验装置(EAST)、稳态强磁场实验装置,正在建设第三个大科学装置——聚变堆主机关键系统综合研究设施。

此外,大气环境立体探测设施、强光磁集成实验设施正在开展预研工作。合肥物质科学研究院已成为国家创新人才培养示范基地、国家示范型国际科技合作基地、国家双创示范基地等。

栽下梧桐树,引来金凤凰。越来越多的学者、专家相继来到科学岛。在这个世界一流的研究平台上,他们与全球最前沿科研同频共振,不断创下引人注目的科研成果。

　　这里,还有一群年轻的科技工作者,他们凭着挑战极限、刻苦攻关的精神,打破国际技术壁垒,在科学的海洋里乘风破浪,甚至激起惊涛骇浪。

　　他们的脚步,迈得坚实而铿锵!

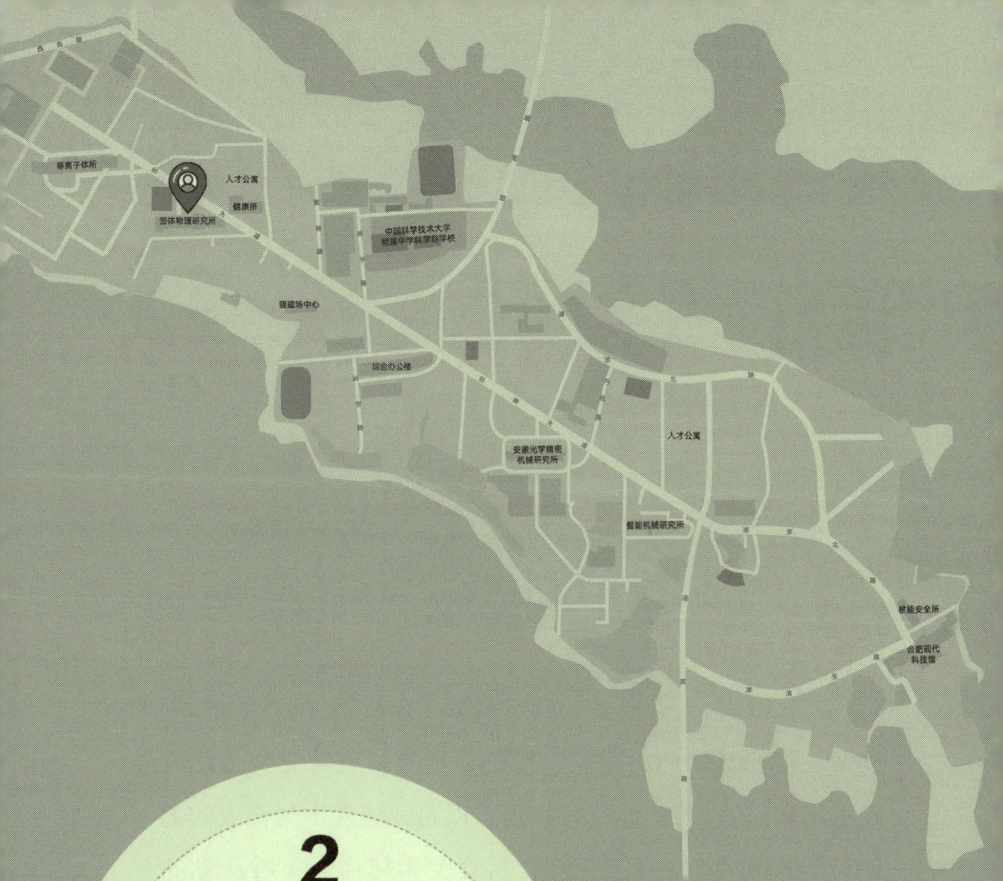

2

极限材料里的
精彩世界

葛庭燧极限特性材料
攻关突击队

2021年4月22日。合肥科学岛上,阳光透过参天的香樟,洒在一簇簇鲜花上。

大礼堂内,一群年轻的科学家身穿白衬衫,披着绶带,神采奕奕。他们从中国科学院合肥物质科学研究院党委书记黄晨光手中接过队旗,庄严宣誓:"传承以葛庭燧院士为代表的老一代科学家精神,以极限特性材料攻关为使命……听从党的召唤,弘扬新时代科学家精神……"

铿锵有力的声音,在蜀山湖上飘荡。

天空中,白云悠悠。

葛庭燧极限特性材料攻关突击队正式成立了。

刘瑞、刘晓迪、罗轩、史子木、宫艺、刘俊、杨猛、夏楠、刘迪龙、张建、陈春,这11人组成了这支有战斗力的青年队伍,他们都来自科研一线,是各个研究领域的部门负责人及青年学科骨干。他们都有着博士研究生学历,平均年龄34岁。

主持仪式的固体物理研究所党委书记田兴友说:"看,你们多年轻,青春真好!"

为什么要成立这支突击队?固体物理研究所所长梁长浩在成立仪式上抛出了这个话题,随后他环视大家,说道:"从我们固体(物理研究)所组建突击队,就是要传承以葛庭燧院士为代表的老一代科学家精神,深入研究极限条件下材料的服役性能,突破关键核心材料研制,锻造一支坚强有力、能打硬仗的攻关队伍。"

"'大爱、大智、大勇',这是葛庭燧院士的精神品质,我们突击队一定要把以葛庭燧院士为代表的老一代科学家精神传承接续、发扬光大。"黄晨光"国"字脸上写满期待,"突击队是战斗中的先锋队和攻坚队。在具体科研实践中,要围绕国家重大战略需求,瞄准材料领域'卡脖子'问题,加快突破关键核心技术;围绕材料创新源头,瞄准核心科学问题和重大难题,加快提升原始创新能力;围绕科技体制机制改革和科学研究范式变革的重点方向,重点突破思维惯性和科研活动组织方式,在融合开放中努力抢占科技制高点。"

"抢占科技制高点!"这是多么殷切的期待啊!

11位年轻的科学家暗暗握紧拳头,悄悄告诉自己:努力,努力!

突击队队长刘瑞戴着一副眼镜,看起来清秀、儒雅,他坚定地说:"我们一定以葛庭燧院士为楷模,振奋精神、激发动力,致力于'0到1'的突破,为实现科技自立自强贡献力量,不负时代、不负青春、不负突击队光荣称号!"

两年后,这支突击队的队员增加了邵定夫、尹华杰、卓毅智、陈斌、谢卓明等5人。16位年轻的科学家以葛庭燧院士精神为纽带,团结在一起,相互激励,相互协作,在关键材料技术攻关中不断突破。

斗转星移间,他们步履坚定,取得了骄人业绩。

刘瑞

为了高性能钨基材料

提到科学岛，人们马上会想到被誉为"人造小太阳"的全超导托卡马克核聚变实验装置（EAST）。

太阳像巨大的火球，燃烧了约50亿年；未来，还会继续燃烧50亿年。太阳能燃烧，是因为它本身就是一个巨大的核聚变反应堆，它内部有大量氢的同位素氘和氚，在高温高压的环境下，这些氘原子和氚原子不停地撞击而进行聚变反应，因此产生了照亮整个太阳系的巨大热能。

"人造小太阳"就是世界首个全超导托卡马克核聚变实验装置。

"托卡马克"读起来很拗口，其实就是一种利用磁约束来实现可控核聚变的环形容器，它的名字（Tokamak）来源于环形

(toroidal)、真空室(kamera)、磁(magnit)、线圈(kotushka)。根据设计，EAST产生等离子体最长时间可达1000秒，温度将超过1亿摄氏度。

在核聚变反应装置中，需要一种直接包围高温等离子体的材料。这种聚变堆面向等离子体材料需要在极高温度、高热流、高通量等离子体辐照、高能中子辐照等条件下长期服役。

刘瑞研究的主要方向就是聚变堆面向等离子体材料。同时，他还做高强韧钼合金、高强高导铜合金的研究。

刘瑞老家在江苏宿迁。这个美丽的城市位于江苏省北部，是长三角北翼区域性综合交通枢纽。宿迁也是西楚霸王项羽的故乡，有着5000多年的文明史和2700多年的建城史，历史悠久，人文荟萃。

刘瑞在沭阳高中读书时，学校请了一位校友做讲座。这位校友知识渊博，他介绍了机械、电器、控制等相关内容，刘瑞听得津津有味。

也是在这一次讲座中，刘瑞第一次知道了材料学，了解到材料研究是很神奇的，于是，后来高考，他填报了华中科技大学材料系。

本科毕业后，刘瑞决定进一步深造，考取了中国科学院研究生。毕业后，2008年，刘瑞来到科学岛，进入实验室工作，根据需求，在固体物理研究所开展聚变堆钨基材料研究。

在这里，他遇到了导师方前锋。

方前锋，1962年出生在湖北天门市，1982年毕业于中山大学物理系，1989年在中国科学院固体物理研究所获得理学博士学位。他受教于葛庭燧，主要从事凝聚态物理和材料科学交叉学科——内耗和固体缺陷以及材料结构与性能的实验和理论研究。

方前锋是中国科学院固体物理研究所研究员，作为内耗与固体缺陷实验室主任、博士生导师、中国物理学会内耗与力学谱专业委员会主任的方前锋，以自己的科研经历和成就给了刘瑞很大鼓励。

研究初期，科学岛缺乏相关实验条件，和国外先进的实验室相比差距很大，刘瑞和同事们经常加班加点赶进度。

当科研出现困难的时候,方前锋便耐心帮刘瑞分析原因,寻求解决对策。

"做科研需要一种精神,当年,我们红军的装备很落后,但共产党人凭着一股精神,战胜了敌人,建立了新中国!"方前锋常常这样鼓励大家。

对青年科学家而言,科研中出现困惑是难免的。不仅仅是刘瑞,葛庭燧极限特性材料攻关突击队的其他成员也遇到过种种困惑。作为队长的刘瑞,有时候会带领大家来到葛庭燧的塑像前,学习领悟葛庭燧先生的科学家精神。

"我们青年一代科研工作者,要把自身的爱好和国家的重大需求结合到一起,致力于解决国家重大工程或者国民经济发展中的关键技术问题。"刘瑞内心有力量,他常常给队友鼓劲。

长相朴实的刘瑞,有着常人不可比的顽强毅力。

2014年,刘瑞前往瑞士保罗·谢尔研究所(PSI)核材料中心做访问学者。这个研究所始建于1988年,以瑞士著名物理学家保罗·谢尔的名字命名,是瑞士最大的国家研究所,同时也是欧洲科学和技术的多学科研究中心之一,在人类健康、材料科学、能源与环境等领域承担着重大基础和应用研究任务。

最让刘瑞激动的是,保罗·谢尔研究所拥有散裂中子源、瑞士同步辐射光源、缪介子源等大型科研设施,也是世界上仅有的两个能提供同步辐射 X 射线、中子和介子三类探针的大型研究基地之一。

在这里学习，刘瑞觉得有极大挑战的是在"热室"做辐照后的样品测试工作。辐照后的样品具有很强的放射性，比较危险，样品的分析测试需要在专门的实验室即"热室"中进行。由于辐照样品非常稀缺，同时具有较强的放射性，因而需要先用未辐照的样品反复练习，实验操作对每个细节的要求都非常严格，而且实验的周期也很长，对于一个人的耐心和毅力都是极大的考验。

刘瑞感觉自己就好像《西游记》中的孙悟空，在丹炉里淬炼后，心智有了一个很大的转变，能力也有了很大提升。

一年多的时间里，刘瑞与国外顶尖科学家一起交流。有时，他也会徜徉在美丽的阿勒河畔，但他心里始终思念着祖国和亲人，国外再美的风景都不曾让他忘记自己暗暗下的决心：一定要把国外所学运用到自己的研究上，早日做出成就。

这几年，刘瑞的研究引起许多媒体关注，有媒体报道："如果把'人造小太阳'比作一个熔炉，那么刘瑞研究的就是它的炉膛。"

这是一个形象的说法。把"人造小太阳"的核聚变装置比作一个温度极高的熔炉,第一壁材料,也就是聚变堆面向等离子体材料,就相当于"炉膛",它直接包围着高温聚变等离子体,面临着高温等极端苛刻的服役环境。这就要求它同时具备优良的力学性能、高温稳定性、良好导热性能、低氢同位素滞留、抗等离子体溅射、抗热负荷冲击、抗中子辐照性能等,不能有短板,以保证聚变堆长期稳定工作。

为什么需要这个"炉膛"?因为需要它起到抵御高热负荷、排除氦灰、屏蔽杂质等作用,而这些作用对于聚变等离子体的稳态运行至关重要。

这好比农村过去做饭的土灶,柴火在灶中间燃烧,砌一个灶膛是必不可少的,这样可以防止热量散失、烟尘外溢等。灶膛的材料一般是砖块。热核聚变实验堆的第一壁材料当然不能选砖块,否则高温会将其瞬间摧毁。

目前,国际热核聚变实验堆(ITER)选用钨作为第一壁材料。因为钨是熔点最高的金属(其熔点是3410 ℃),同时具有高热导率、耐溅射、低氚滞留等优点,被认为是最有前景的面向等离子体材料。

但把纯钨直接用于建造第一壁是很不理想的。纯钨存在室温脆性、高温再结晶脆性、辐照脆化等不足,极大地限制了其作为第一壁材料的实际应用。

为了弥补钨存在的不足,刘瑞和同事谢卓明等选择了以钨合金化、钨/钨合金塑性变形加工和钨表面纳米化处理为主的方法来提高钨的韧性。

这些方法的原理都是诱导钨的晶粒细化强化。合金化一般与塑性变形结合使用,主要通过添加第二相纳米颗粒(如氧化物、碳化物等)弥散钨基体制备细晶钨合金,并结合后续轧制处理,达到合金致密化、细化和强化的效果。

刘瑞和同事研制出的这种大块体细晶 W-0.5wt%ZrC(W-ZrC)材料,其综合性能(包括力学、高温稳定性、抗热负荷及抗辐照等性能)明显优于国际热核聚变实验堆纯钨。

尽管其抗辐照性能明显改进,但仍然难以满足未来聚变堆剂量中子辐照工况要求,需要进一步提升材料的抗中子辐照性能。

因此,刘瑞团队需攻关的关键科学问题是改善晶粒内的辐照损伤修复能力,实现 W-ZrC 抗辐照性能整体提升,进而抑制辐照损伤引起的氢滞留。

为此,刘瑞不断努力。他的攻关目标很明确:围绕我国先进核能发展对关键材料的需求,将葛庭燧院士开创的内耗与固体缺陷理论用于指导钨基第一壁材料的研发,研究材料缺陷的形成和演化规律及其对性能的影响,通过对固体缺陷(如晶界、相界、第二相颗粒等)的调控实现材料力学/热学/辐照性能的协同提升,研制具有高强韧、抗热负荷及良好抗辐照性能的先进钨基材料。

高性能钨基材料还可用于航空航天、先进核能、电子、医疗、国防等尖端领域。

钨基这种材料不仅应用于大科学装置中,在日常生活中其实也常能见到。最常见的就是白炽灯的钨丝,它就属于这种类型的材料。当然,刘瑞和他同事研究的要复杂得多,他们的研究可以理解为是研发能承受极限高温和强辐照的更高等级的钨基材料。

为了研制聚变堆用高性能钨基材料,刘瑞和同事需要采取多种方式对材料的微观结构和性能进行调控,在科研过程中,他们不断改进方案、优化工艺,一直在做极限挑战,凭着刻苦和执着的精神,最终,他们研制的高性能先进钨基材料,其综合性能处于国际先进水平。

围绕空间堆关键材料需求,刘瑞还研制了在室温及高温下均具有优异力学性能的高性能钼合金,综合强韧性优于已知的同类型材料,有望为未来空间堆技术的发展提供关键材料支撑。

刘晓迪

接受极限挑战的女生

"接受极限挑战"并非是男生的专利。

科学岛上,刘晓迪就是一位挑战极限的巾帼英豪。

刘晓迪看似朴实无华,也没有过多的言语,但眼里总是闪着睿智的光芒。

2013年6月,考生刚刚结束高考,刘晓迪从中国科学技术大学(下文简称"中国科大")博士毕业,来到科学岛,开始从事超高压强下的凝聚态物理的研究,主要研究被称为"高压物理学圣杯"的金属氢,这是一个国际前沿性课题。

什么是金属氢?

在介绍金属氢之前,要先说说超导。

1911年,荷兰物理学家卡末林·昂尼斯用液氦冷却汞,当温度下降到4.2 K时,水银的电阻完全消失,这种现象被称为超导电性,此温度被称为临界温度。

超导,就是"超级导电",具有这种超级导电性的材料,就是超导体。之所以具有超级导电性,源于电阻为零的特性。日常生活中,便携式电脑、手机、平板电脑充电时会发烫,就是因为受到电阻的影响,损失了能量。如果超导大规模应用,将会节约多少电能啊!

当然,超导的意义远不止节能。

基础科研中,大型粒子加速器、高能粒子探测器、人工可控核聚变装置都需要高强度的超导磁体;能源行业里,如果利用零电阻的超导电路,就完全不需要变电站,电可以在较低电压下进行高功率传输;医疗行业中,磁共振成像(MRI)的成像清晰度和辨识度很高,靠的就是超导磁体;在交通领域,高速超导磁悬浮列车的时速可以超过600千米,坐上去真有起飞的感觉。

超导体还可以用于开发高强度电磁脉冲(EMP),如果应用于军事领域,可以让一定范围内的所有电子设备瘫痪。太空探索中,超导可控核聚变发动机可以为太空旅行、宇宙飞船提供源源不断的动力。

因此,开发出更利于应用的超导材料是很多国家的共同目标,也是许多科学家不懈的追求。可是,超导领域都有一个临界温度的天花板——"麦克米兰极限",即超导临界温度不能超过40 K(−233.15 ℃)。

K(开尔文)是国际温度单位,水的沸点为373.15 K,冰点为273.15 K,也就是说,273.15 K与我们熟悉的0 ℃温度相等,所以与摄氏度相差273.15,比如,5 ℃换算成开尔文温度就是(273.15＋5)K。

这个临界温度还是太低了,超导体必须通过昂贵的降温技术,比如液氮/液氢,才能保持其超导性。为了让超导体实现规模化应用,就必须探索室温环境下(300 K,即27 ℃)能够保持超导性质的材料。

可以说,常压室温超导体,是许多科学家追求的目标。

由于导电是金属的特性,因此液态或固态氢在超高压下变成的导电体被形象地称为"金属氢"。

金属氢作为未来的一种高密度、高储能材料,一直是人类梦寐以求的能量物质。90多年来,人们一直试图制造出以金属形态存在的氢气,并为此付出不懈努力,但稳定的金属氢样品始终没能得到。

如果成功制造出金属氢,不仅意味着人类找到了一种全新的高密度、高储能材料,而且可能会使科学技术发生革命性变化。

从理论上来看,在超高压下得到金属氢完全有可能。

成功制造出金属氢是科学界的梦想。

这是具有战略意义的研究,因此,刘晓迪和同事一直孜孜不倦,向这个领域进军。

刘晓迪出生在历史文化名城邯郸。

邯郸位于河北省南端,太行山东麓,城市历史悠久,是京津冀协同发展和中原经济区区域性中心,也是国家重点建设的老工业基地。

初中开始,刘晓迪就喜爱上了科学。

也就是在中学时期,她发现书本上介绍的科学家很少有女性,当居里夫人这个名字出现在她眼前时,她是那么欣喜,因而这个名字她一下就记住了。

"1903年,居里夫妇和贝克勒尔由于对放射性的研究而共同获得诺贝尔物理学奖。1911年,因发现元素钋和镭,居里夫人再次获得诺贝尔化学奖,因而成为世界上第一个两获诺贝尔奖的人。"

"多么了不起的女科学家!"听了老师的描述后,刘晓迪在心中暗暗把居里夫人当作自己的偶像。

她常常凝视着居里夫人的相片,觉得那双眼睛常看着自己,好像在说:"小姑娘,好好努力,长大做个女科学家!"

除了居里夫人,刘晓迪还要感谢高中的物理老师。面对深奥的物理知识,老师每次都以比较形象、有趣的方式讲出来,让刘晓迪听得饶有滋味,觉得物理世界有无穷魅力。每次上课,老师都会介绍一些开放探索性的知识,告诉学生长大后自己去探索。

"世界还有这么多未解之谜,我一定要好好学习,好好探索。"高考报志愿的时候，刘晓迪坚定地选择了物理作为第一志愿专业。

中国科大，这是刘晓迪心仪的高校。本科无缘，她从进入大学第一天开始，便下定决心，一定要考取中国科大的研究生。

功夫不负有心人，大学毕业后，她终于如愿，攻读了中国科大的硕士和博士学位。

一个阳光明媚的春日，刘晓迪与几位同学交流着科学话题。

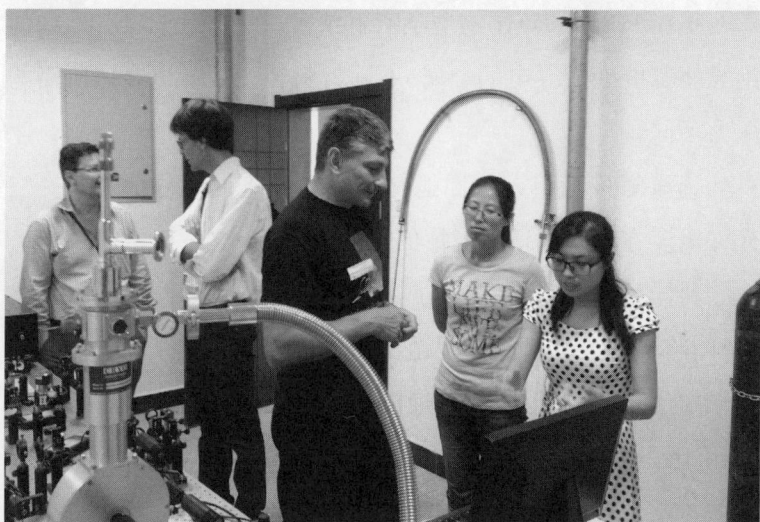

"从1911年超导被发现至今，已经有成千上万种超导材料被发现，元素周期表中大约一半的元素都显示具有低温超导性。

"遗憾的是，很长一段时间我们国家在这一领域的研究都是滞后的。

"1987年之后,铜氧化物超导材料的发现,开启了超导材料探索的蓬勃之路。如果说此前中国在超导领域的研究基础弱、追赶慢,与国际一流水平有代差,那么从20世纪80年代开始,围绕高温超导材料,中国科学家已迅速跻身世界前列。

"历史的使命,落到了我们的身上。

"金属氢,这一圣杯,我们多么神往!"刘晓迪眼睛望着远方,坚定地说。

早在1935年,英国物理学家就预言,在一定的高压下,任何绝缘体都能变成导电的金属,不同材料转变成导电金属所需的压力不同。

金属氢最吸引人的性能是传说中的室温超导能力——它允许电流在不损失任何能量的情况下流动。

科学界有一个共识:金属氢一旦问世,就如同蒸汽机诞生一样,将会引发一场全世界范围内的划时代科技革命。金属氢内储藏了巨大的能量,比普通的TNT炸药的密度大30~40倍,应用于军事,就是未来武器的制高点;在能源领域,其超高的输电效率将让世界总发电量增加1/4以上,因而可以解决世界能源匮乏的问题;此外,它还能作为燃料应用于载人火箭推进器,航天事业也将因此实现巨大飞跃。

可以说,金属氢一旦研制成功,在未来大规模投产中,能够实现包括超高压技术、超导技术、激光、空间技术、原子能等在内的多个尖端领域联动发展。

"圣杯"究竟会花落谁手,整个科学界都在翘首期待。

研究金属氢有很多方法,但金刚石压砧是这类研究会采用的常规方法——将氢样本置于两块金刚石尖端之间,再对氢进行压缩。当压强越来越大时,致密的氢在可见光下会变得越来越不透明,因为其反射率越来越高。压强增加到一定程度时,被压缩的氢样本的反射率会急剧增加,可以阻隔所有的光。

固态氢的反射率在这种压强和温度条件下所呈现出的不连续的可逆变化,正是氢从固态转变成金属态的证据。

美国哈佛大学研究团队曾声称利用金刚石对顶砧压机在495 GPa高压下成功研制出了世界上首块"金属氢",但是这一宣称引起了业界的广泛质疑,因为他们认为金刚石对顶砧压机这种装置难以到达495 GPa的高压。

在国际单位制中,压强的单位是帕斯卡,简称"帕",即牛顿/米^2。GPa即吉帕斯卡,简称"吉帕",1吉帕=1 000 000 000帕。一个标准大气压是$1.013×10^5$帕,相当于一平方厘米面积上承受1.0336千克重的大气压力。

495吉帕高压是什么概念?可以这么说,这个数值远远超过了地心的压力。火山喷发,炽热的熔岩柱可升至几百米,甚至上千米的高度,这表明地球内部是一个极不寻常的高温、高压的世界。据科学家们推测,地下深度10千米处的压力大约有300兆帕;35千米深度的压力有1吉帕,坚硬的岩石在这个静压力下也会变软。在2900千米深处,压力可达150吉帕,地心处压力大约达到370吉帕,在这样强大的压力下,物质原有的晶体结构将被破坏,形成高压下新的结构。

哈佛大学团队在首次宣布研究出金属氢之后的一个月,再度宣布"金属氢"样本消失了,美国是否真的研制出了金属氢就此成了谜团。

不被外界各种声音干扰,咬定青山不放松。刘晓迪执着地进行极端条件下的凝聚态物理的研究,目标就是利用超高压技术把原本分子态的氢气转换为原子态的金属氢。利用自己研制的装置让两块金刚石对压,可以产生几百万大气压的压力。

实验难度之大可想而知。进行极具挑战性的实验,一次要用两块钻石,还会用到几万元一罐的液氦。实验成本高,难度大。因此，每次实验前，刘晓迪都会承受很大的心理压力：样品要反复准备很多次，实验步骤要在心里反复回想好几遍，实验的时候还要对着操作步骤一步一步地检查，因为实验中一个螺丝钉的位置、松紧程度等细节都可能会决定整个实验的成败。

一次实验测量通常要不间断地进行十几至几十个小时，熬夜加班连轴转，这是常态。

每次走进实验室，团队成员都会反复说："once a team, always a team.（一朝为团队，终生为团队。）"

大家都清楚，一旦成为团队的一员，个人的荣辱和团队的荣辱就会息息相关，大家是一个整体，有一个共同目标，因此需要齐心协力。

"每次实验不仅需要脑力大爆发，对心理更是一种挑战。"一次试验后，刘晓迪感慨地告诉家人。

"努力，我们支持你！"丈夫和孩子给她打气、鼓劲。

刘晓迪感觉很幸福，听着家人的鼓励，有春风拂面的感觉。

时间像车窗外不断向后的风景，而他们的研究却是不断向前驶进的车子！

2019年12月，《科技日报》发出了报道：中国科学院合肥物质科学研究院又获得一项重大科学成就——该院固体物理研究所极端环境量子物质中心团队在极端高温高压的条件下成功获得氢和氘的流体金属态，相关研究成果日前发表在国际重要学术刊物《先进科学》上。

刘晓迪和同事在实验室中创造出可模拟地核的极端高温高压条件，将气态的氢和氘成功转变成流体金属态，研究结果明确了流体金属氢的存在区域，这离真正的金属氢又近了一大步。

利用高压技术实现静态高压下金属氢的相变，起码需要500 GPa的压力。用金刚石对顶砧压机这种装备可以产生约400 GPa的极限静态压力。

这中间的距离，如何去一步步突破，去接近？

有了这个难题，接下来，刘晓迪和同事们将继续致力于推进超高压平台的建设。

刘晓迪常常坚定地鼓励同事："争取打造国际一流的超高压平台，进行国际前沿课题研究，不负中国科学院之名。"

"不负青春，不负中国科学院之名！"大家信誓旦旦。

离摘取"圣杯"，越来越近了。

史子木

与嫦娥钢共舞

月球,是地球唯一的卫星,它已经陪伴我们的地球至少数十亿年了,它见证了地球上无数生物的兴起和消亡,也见证了地球环境的变迁。海洋的诞生和江河的消失都被月球"看"在眼里。

古往今来,有多少文人雅士都对月亮充满无限向往。嫦娥奔月的故事,反映了人们飞天的梦想。

2019年1月3日10时26分。

这一时刻,全球许多人在关注。

在这一刻,"嫦娥四号"探测器自主着陆在月球背面(简称"月背")南极−艾特肯盆地内的冯·卡门撞击坑内,实现人类探测器首次在月球背面软着陆。

1959年，人类探测器首次登陆月球。1969年，美国宇航员阿姆斯特朗在月球上留下了人类的第一个足印。至今，人类发射到月球的探测器和轨道器已经有100多个，但这些都是对月球正面的探测，没有任何一个月球探测器能够实现在月球背面软着陆。

在宇宙中，有一种潮汐锁定（或同步自转、受俘自转）现象，比方说，太阳和水星之间，行星和卫星之间，太阳系外其他的恒星和行星之间，都有这样的潮汐锁定现象。

月球是地球唯一的天然卫星。它在夜空中反射出银白色的光芒，古往今来引发无数文人墨客歌吟，留下许多经典名篇。

"我欲乘风归去，又恐琼楼玉宇，高处不胜寒。"苏轼的词让人对月球充满遐想。

月球表面的阴影千古不变，但我们古人却想象出了吴刚伐桂等美丽动人的传说。月球表面之所以有阴影，是因为受地球潮汐锁定，月球绕地球公转的周期与月球自转的周期相同，都是27.32天。也就是说，每当月球绕地球转一圈，它自己也刚好转了一圈，这使得月球永远以同一面向着地球，而月球另一面隐藏在背后，我们无法通过肉眼看见。

那么，月背到底是怎样的？人们对这一神秘之地充满向往。

与月球正面不同，月背几乎全是环形山和古老的陨石坑。此外，由于没有受到来自地球的辐射干扰，月背的空间环境无与伦比，非常适合开展各类天文观测，能够填补在地球和其他地方无法开展的100 kHz~1 MHz射电天文观测空白，甚至有可能观察到40亿年前宇宙早期爆炸的暗黑地区的无线电波，科学家或将在行星际激波、日冕物质抛射和高能电子束产生机理等方面取得原创性成果。

对于科学家而言，这是很迷人的。

"嫦娥四号"所选的落脚点冯·卡门撞击坑，位于月背的南极－艾特肯盆地中部，是已知太阳系最大、最深和最古老的撞击盆地，直径为2500千米，形成于40多亿年前，具有极高的科学研究价值。

虽然地形相对平坦，但探测器要成功着陆，依旧危险重重。美国《福布斯》曾刊文称"'嫦娥四号'探测器成功降落在冯·卡门撞击坑的概率只有50％"，这充分说明了降落于此的难度。

处于月背无法和地球直接取得联系，科学家们还发射了中继卫星"鹊桥"，这颗卫星稳定运行在地月L2点的轨道上，作为"嫦娥四号"和地面之间的信息中转站。

月背可供选择的着陆区范围只有正面的1/8，选择范围长宽各十几千米，加之地形复杂，"嫦娥四号"要进行近乎垂直的降落，着陆时间短、航程短，风险比较大。"嫦娥四号"必须全自主动力下降，通过惯性导航及与月面相对测量导航，按照既定制导率实现月背软着陆。

"嫦娥四号"要安全着陆还需要解决一个问题，那就是缓冲拉杆的问题。这就好比一个人从高处跳到凹凸不平的地方，首先，双腿要有一定的弹跳力，同时力度要足够支撑自身重量，否则就会造成骨折等严重问题。

也许有人会说，用什么腿啊，从降落伞慢慢落下多好！别忘了，月球上没有空气，探测器无法使用降落伞。

因此，"嫦娥四号"需要有特殊性能的"腿"，以此确保约140千克的"嫦娥四号"安全着陆。

缓冲拉杆这项研究交给了中国科学院合肥物质科学研究院固体物理研究所的科研团队。

来自浙江的史子木，也曾为"嫦娥钢"研制做出了贡献。

史子木出生在温州。父亲是大学生，与一般同龄人相比，这个家庭算是有文化的。史子木因此从小就受得了相对良好的教育。

有两本科普书对史子木影响很大。一本是《从一到无穷大》，另一本是《哥德尔、艾舍尔、巴赫——集异璧之大成》。《从一到无穷大》的作者是乔治·伽莫夫，他用生动的语言介绍了20世纪以来科学中的一些重大进展，书中一个个故事把数学、物理，乃至生物学的许多内容巧妙地融合在一起，展示了自然科学的基本成就和进展。

《哥德尔、艾舍尔、巴赫——集异璧之大成》对数学家哥德尔的数理逻辑、版画家艾舍尔的版画、音乐家巴赫的音乐进行综合阐述，介绍了数理逻辑、人工智能、语言学、遗传学、音乐、绘画等看似深奥的理论,深入浅出,引人入胜。

这是多么神秘的世界啊!史子木的好奇心被唤醒,探索的思维被打开。

"我到现在还记得当时看《从一到无穷大》这本书时的感觉,用现在的话说,是颠覆了我的科学观,也影响了我的世界观,具有颠覆性。另一本对我有很大影响的书是侯世达的《哥德尔、艾舍尔、巴赫——集异璧之大成》,书中探讨的数学、乐曲、绘画具有统一本质,也给了我看待问题和事物的完全不一样的视角。"史子木常常说起自己的感受,"我的人生动力、职业选择可能更多是受到了书本或者远方的人的影响。"

他所指的远方的人,是那些书本中描绘的时代英才、天之骄子。

内心有了向往,就有了无限动力。高中毕业后,史子木考取了清华大学材料科学与工程系。

清华大学云集了全国的优秀学生。上大学的时候,同宿舍有一个同学非常勤奋,每天晚上都学到凌晨才睡觉,再难的数学试卷他都能考到近满分。看着卷面得分的差距,史子木心想,对方只不过是付出的时间多些而已。

大学二年级的时候,一场名为"非典"的疫情从广州蔓延到北京。受疫情影响,有一门数学课基本上靠学生自学,到了考试复习的时候,史子木内心将那名"学霸"作为自己的标杆,每天跟随他一起起床,一起睡觉,一起学习。成绩出来以后,"学霸"考了98分,又一次遥遥领先于全班其他同学,这其中也包括史子木。史子木开始认真思考,正视自己与"学霸"在数学上的差距,他同时也开始思考自己的研究方向。

2008年本科毕业后,史子木任浙江工贸学院材料工程系副教授、系主任。在他的努力下,该校材料工程系争取到了国家级的教学项目和省级的科研平台。

时代在进步,社会对知识的需求越来越多。史子木意识到自己必须进一步深造。2010年,他考取了中国科学院博士。

也正是在这时,史子木进入中国科学院固体物理研究所,从事特种材料研究。那段日子同样紧张而忙碌,导师、研究生和职工都在一起,时间短,工作量巨大,而且容不得半点差错。大家齐心协力,在工作中培养出了高度的默契。

基于更纯粹科研的想法,2020年3月,他正式入职中国科学院固体物理所,先后任副研究员、研究员,从事航天特种钢的组织和性能调控研究。

史子木在读博期间就参加了"嫦娥三号"的缓冲拉杆项目。

有一次,史子木在负责一批探月缓冲着陆拉杆检测工作中,将样品丢失在出租车上,给整个项目推进造成了影响,虽然大家不断安慰他,最终嫦娥钢拉杆也以100%的有效率通过了评测,但此事成了一块他的心病,他常常感到愧疚。因此,博士毕业后他回到老家温州工作。

研究的过程格外艰辛。好在史子木总有一种顽强的毅力,这得益于读博期间的训练。

他的博士课题是在钢中添加细小的氧化物颗粒，而所有的文献都是采用粉末冶金工艺。史子木基于实际应用的考量，想用熔炼方式制备。

他尝试了很多办法，都没有做成功。史子木暗暗告诉自己不要气馁。最后，他回到起点，从最基础的冶金、材料概念出发，通过制备氧化物的中间合金的过渡方式，用熔炼方式成功地制备出了氧化物弥散强化钢。

有时候，在高强度的工作之后，他们会一起去爬大蜀山。

大蜀山离科学岛不远，是合肥近郊唯一的一座大山。面积8500亩，海拔284米，山势东南高，西北低，呈椭圆形，由火山喷发而成。古火山应有的火山锥、火山瀑、火山岩、火山颈等火山遗迹保存完整。

山虽然不高，但登临山顶，可以远眺蜀山湖，一览合肥的城市风貌，大家紧张的心情也可以得到舒缓，团队的凝聚力也可以得到加强。

华灯初上时分，他们回到科学岛。实验室里，又是一夜灯火通明。

为了让科学家精神在青年科技创新中充分发挥其感召力，宣扬科技自立自强，让青年科研工作者更有底气、勇气和志气，科学岛持续开展"向老科学家写一封信""党旗下的青春"讲演、"科学家精神薪火传"青年朗诵大赛等活动。

"如果在自己研究的领域受制于人，作为青年科研工作者是非常难受的。"史子木在参加演讲时说，"青年人在遇到困难的时候，一定要树立信心、明确方向。"

有一段时间，大家总认为材料学是冷门专业，甚至被称为"天坑"，随着高端制造业重要性的日益突显，材料专业也有望成为新的热门学科，史子木很欣慰自己为这一领域做出了探索。

史子木呼吁年轻的学子：来吧，我们一起！

突击队

国家队、国家人、国家事、国家责

2018年4月,鲜花盛开的美好季节。

美国商务部称,在未来7年内,禁止中兴通讯向美国企业购买敏感产品。

中兴通讯是全球领先的综合通信解决方案提供商,中国最大的通信设备上市公司。

美国制裁中兴的消息传出,举国哗然。

《科技日报》持续3个月推出系列文章,报道了制约我国工业发展的35项技术,包括芯片、操作系统、触觉传感器、真空蒸镀机、医学影像设备元器件等,涉及多个领域,引起社会的广泛关注与讨论,此后更在科技界掀起了攻坚浪潮!

突击队的许多成员从宏观的角度出发,从国家需求和单位发展的层面来选定研究方向,遇到困难和挫折不气馁,极力攻坚克难。

微球研究就是突击队选定的攻关方向之一。

微球为尺寸在亚微米尺寸的球形粒子。

目前,我国的微球材料主要依赖进口,尤其是电子产业,我国发展势头很好,市场很大的份额都在国内,但是上游基础材料供应很大程度上受制于人。

宫艺及其团队的目标便是实现微球材料的国产商业化。

宫艺是安徽含山人。他从厦门大学硕士研究生毕业后,前往挪威科技大学继续攻读博士学位,在挪威的留学经历不仅让他在专业领域的学习更进一步,也拓宽了他的国际视野,他长期从事纳米微球材料的界面行为和电子封装功能材料开发研究。

现在,电子器件越来越小,越来越轻薄化,但功能却越来越强,这就对电子材料提出了更高的要求。比如手机容易发热,科研人员通过给电子封装材料做设计,开发出高导热的基板材料,让热量尽快散发。这也是宫艺团队的成果之一。

再比如液晶电视,也称液晶显示器(LCD),其内部是两块基板,中间填充液晶,这种显示器色彩饱和,不存在闪烁现象,也不易造成视觉疲劳。可是,如果基板发生了弯曲,液晶的厚度就会发生变化,从而导致产生色差等缺陷。如果将微球材料应用于液晶领域,相当于房子有了支柱。当然,这要求研发的微球材料可以满足粒径高度均一性的标准,否则就达不到均匀支撑的效果。

宫艺最初对微球的研究偏向于生物医药领域,通过一次参与科技部国家重点研发计划"战略性先进电子材料"专项活动,他了解到自己研究的微球材料可以应用在电子领域,于是,他开始向这一领域进军。

目前,宫艺要在集成电路键合材料领域,开发高性能导电纳米微球材料,解决芯片微型化所致的高精度键合技术难题;在新型显示关键材料领域,开发高度均一间隔微球材料,解决大尺寸显示面板液晶盒厚度精准控制技术难题;在电子封装热管理材料领域,开发高导热高分子电子封装材料,满足高功率密度电子器件的散热迫切需求。这些就是他的攻关方向。

宫艺带领突击队,围绕国家在相关领域对关键材料的重大需求,在关键材料技术攻关中不断突破。

你看,一张张青春的脸庞是那么坚毅与自信。

邵定夫,2013年获中国科学院大学博士学位。2016年至2021年在美国内布拉斯加大学林肯分校访问研究。他在固体物理研究所组建材料理论与材料设计方向研究团队,主要从事量子材料与器件的理论研究。目前,邵定夫研究员团队正在开展反铁磁隧道结器件中隧道磁阻和自旋转移力矩效应的理论研究，有望为新一代反铁磁自旋电子学器件提供理论方案。

尹华杰，2015年获得国家纳米科学中心和清华大学博士学位，2015年至2020年在澳大利亚格里菲斯大学从事博士后研究工作。2021年2月加入中国科学院固体物理研究所。目前，他的研究工作围绕清洁能源的高效转化与利用，以新兴电化学能源器件需求为导向，聚焦高性能电催化剂和电极材料设计、制备与相应催化机制研究，同时涉及基于钙钛矿体系的光催化、光电催化等研究领域。

刘迪龙，2015年获得中国科大博士学位，2018年至2020年在美国加州大学河滨分校从事访问研究工作，长期从事金属微纳有序结构及光学性质的研究。他目前技术攻关的方向是超材料，具体来说，是具有亚波长结构周期性排列的人造材料，能展现出天然材料所不具备的物理特性。

刘俊，2013年获得中国科大博士学位，目前攻关广泛应用于清洁能源领域的纳米催化材料，例如电解水制氢、氢燃料电池、二氧化碳还原等。

夏楠，南开大学化学学院博士，在金属纳米团簇领域开发了多种新型的团簇合成方法，丰富了团簇种类，并为团簇性能研究和应用提供基础。他在极端条件下（如高压和严苛的化学环境）研究团簇的合成、结构衍变和光/电性能转变。

卓毅智，2019年获得挪威科技大学博士学位，2019年12月至2021年12月在挪威科技大学从事博士后研究工作，长期从事软材料应用研究。传统电子材料以刚性材料为主，包括金属导体、硅基半导体等，难以耐受弯折及拉伸。因此，可拉伸显示的关键在于基础材料的柔软、可弯曲、可拉伸。卓毅智致力于通过多尺度调控设计开发可拉伸显示基础材料（弹性封装材料、可拉伸发光材料、可拉伸导电材料），以促进可拉伸显示的产业化发展。

陈斌，2015年获中国科学院大学博士学位，2016年10月至2019年9月在韩国浦项工科大学从事博士后研究，长期从事光电功能纳米材料的设计合成与性能优化研究。受限于现有催化剂活性，电解水制氢所面临的关键问题是能量转换效率低。如何通过合理设计构筑高效催化剂电极材料，突破现有材料的性能极限？卓毅智团队利用纳米材料独特的光电性质以及纳米基元之间的耦合增强效应，开展了材料的设计合成、理论模拟、结构与性能优化以及相关器件等系列研究，实现了高效电解水制氢。

谢卓明，2017年获得中国科大博士学位，致力于钨基材料的研究，对改善晶粒内的辐照损伤修复能力，实现 W-ZrC 抗辐照性能整体提升，进而抑制辐照损伤引起的氢滞留问题进行攻关。

张建，2011年获得中国科学院大学（原中国科学院研究生院）博士学位。基于热电材料在深空领域中空间电源上的应用，他以现有热电材料研究为基础，通过优化微观结构、引入纳米相等手段，大幅提升材料热电性能，并研究热电材料在高温、辐照条件下的服役性能，探索相应的调控方法，开发出可在特殊环境服役的高性能热电材料体系。

陈春，2011年获得北九州市立大学（日本）工学博士学位，2011年至2013年在日本北九州市立大学从事博士后研究。他长期从事过渡金属催化材料的开发及其在生物质高值化转化中的应用研究。考虑到碳中和目标及限塑令发展要求，围绕对生物基可降解塑料技术发展的重大需求，他和团队开发新型、环保且高效的离子液催化剂，用于生物基乳酸及聚乳酸合成，突破了国外对聚乳酸合成的技术壁垒和封锁，为我国生物可降解塑料产业发展提供了科学基础和技术支持。

罗轩，2010年获得中国科学院合肥物质科学研究院固体物理研究所博士学位，2010年至2013年在韩国浦项科技大学从事博士后研究。他长期从事量子关联单晶材料制备和物性研究。我国在建的惯性约束核聚变（inertial confinement fusion, ICF）装置，研究的目标是在21世纪实现干净的聚变能源和军事应用，这项研究对于国家安全具有非常重要的意义。中子飞行时间谱仪是诊断燃料温度和密度的关键手段。罗轩所研制的低余辉有机闪烁单晶材料是中子飞行时间谱仪的核心材料，这类晶体被美国列入对中国禁售清单中，是我国自主设计新型中子飞行时间谱仪的"卡脖子"晶体材料。

杨猛，2018年获得中国科大博士学位。他主要从事环境污染物分析新方法、新原理及光/电化学离子敏元件和传感器的研究。敏感膜材料对溶液中目标离子的高灵敏，高选择性敏感机制及溶液中多种离子同时检测的相互干扰机理，无交叉污染、无信号干扰的多通道微型传感器结构设计及制备关键技术等领域都是他的研究方向。

只有掌握产业链的关键技术、关键步骤，才能拥有绝对的话语权，这是时代要求我们完成的命题。新阶段的新要求和世界格局的深刻变化，进一步突显了科技自立自强在国家发展中的战略支撑作用。合肥研究院党委书记黄晨光时刻关注着突击队16名成员的成长。他常常告诫队员：成立突击队是履行"国家队、国家人、国家事、国家责"使命定位的关键举措，一定要始终坚持与科学共进、与祖国同行，以实际行动强化国家战略科技力量的骨干引领和示范带动作用。

"与科学共进！"

"与祖国同行！"

"与青春同闪光！"

　　突击队的 16 名成员相互激励。他们卓有才华，风华正茂，时刻牢记科技报国使命，致力于高性能关键材料的研发，为我国航空航天、先进核能、战略性产业等领域的发展提供关键材料支撑，为我国成为世界科技强国贡献青春力量。

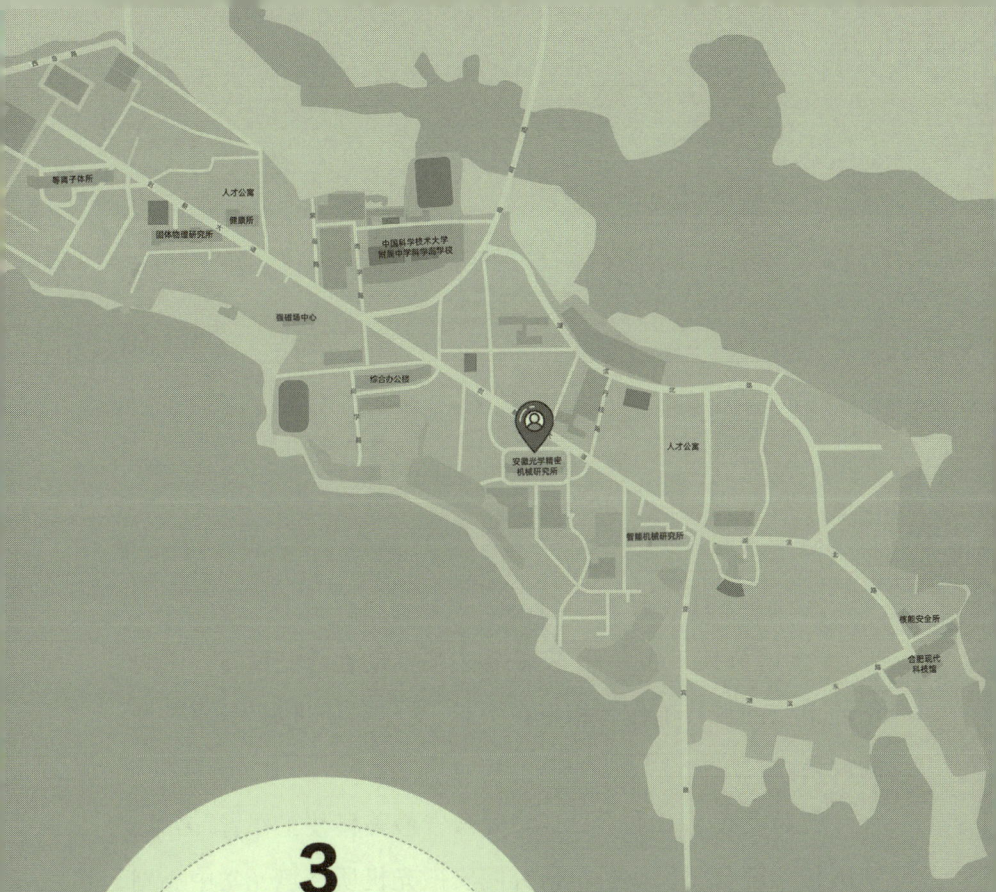

等离子体所

人才公寓
健康所

固体物理研究所

中国科学技术大学
附属中学科学岛学校

嘉椒瑞中心

综合办公楼

安徽光学精密
机械研究所

人才公寓

智能机械研究所

核能安全所

合肥现代
科技馆

3

桂华侨

最美"科研人"，
大气"守望者"

2022年5月30日,微风不燥。

"全国科技工作者日"安徽省主场活动在合肥举行。来自不同单位的科技工作者相聚在一起,交流科研进展,分享彼此的成果。

现场发布了10位2022年"安徽省最美科技工作者"名单,中国科学院合肥物质科学研究院安徽光机所环境光学中心副主任桂华侨是其中一位。他身披绶带,接受颁奖。

桂华侨长期从事大气细颗粒物监测技术研究工作。他主持了首批国家重点研发计划项目、国家重大科学仪器设备开发专项任务、国家重大专项课题等十余项重要科研项目,提出了一系列颗粒物理化和消光特征的高灵敏在线监测方法,突破了颗粒物动态采样、对冲荷电、微电流测量、外场标定等成套核心技术。他还自主研制了环境空气和移动源排放颗粒物在线监测成套装备,批量应用于国家PM2.5和大气能见度监测网络。

他因此被誉为环境的"守望者"。

走出会场,望着蔚蓝的天空,桂华侨深吸一口清新空气,内心格外舒畅。曾经一度为世界所诟病的中国雾霾,终于得到有效遏制。这里面,有他和同事们的一份功劳。

多少个夜以继日的研究,他们都在用科技手段监测PM2.5。"从一呼一吸间对人体的影响,到天空阴晴不定的'脸色'变化,无不和大气中的颗粒物息息相关,这些肉眼难见的颗粒物,时时刻刻影响着人类的生产生活。"

一名记者走过来,面带微笑地询问桂华侨的获奖感受。

"这是对我们科研工作者的肯定,对我来说更是一份责任。"桂华侨憨厚一笑后,坚定地说,"作为一名科研工作者,我将继续带领团队攻坚克难,研发更加精准、更加智能的颗粒物监测技术装备,为我国打赢蓝天保卫战贡献一份力量!"

应对雾霾，
掀起蓝天保卫战

十几年前，雾霾天气让全国许多城市感到头痛。

雾霾，曾经多么陌生的名词，现在却与老百姓的生活息息相关。何为雾霾？顾名思义是雾和霾。雾是由大量悬浮在近地面空气中的微小水滴或冰晶组成的气溶胶系统，对人体危害不大。雾多出现于秋冬季节，《三国演义》中，孙吴联兵对抗曹魏，就是利用大雾天气"草船借箭"。

空气中的灰尘、硫酸盐、硝酸盐等颗粒物组成的气溶胶造成视觉障碍的叫霾。高密度人口的经济活动及社会活动会排放大量细颗粒物（PM2.5），一旦排放超过大气循环能力和承载度，细颗粒物将持续积聚，浓度将持续增加，此时如果受静稳天气等因素影响，就极易出现大范围的雾霾。

青春力量
追寻科学之光的故事

2008年8月，第29届夏季奥林匹克运动会在北京举办。这是举国欢庆、世界瞩目的盛事。但在当时，国际社会对北京雾霾的非议甚嚣尘上，所幸的是，经过大力治理，运动会期间，北京天空一度出现了"北京蓝"，令人兴奋。

2011年12月5日，中央气象台发布雾霾预警。此前一晚，美国驻华使馆发布的北京PM2.5监测数据再次爆表，超过了最高污染指数500，此时的PM2.5浓度指数为522，也因为"超出了该污染物的值域"，这个数字在美国环保局网站上无法转换为空气质量指数。

所谓PM2.5，是指空气动力学当量直径小于等于2.5微米的颗粒物。这种颗粒本身既是一种污染物，又是重金属、多环芳烃等有毒物质的载体，它能较长时间悬浮于空气中，被认为是造成雾霾天气的"元凶"。

PM2.5成为全民关注的热点。

随后，我国许多城市开始建立监测网络。由于相关仪器设备依赖进口，一家美国仪器厂商在短短一年内就从中国市场赚了不少钱。

2012年联合国环境规划署公布的《全球环境展望5》指出，每年有70万人死于因臭氧导致的呼吸系统疾病，有近200万过早死亡病例与颗粒物污染有关。

2013年，"雾霾"成为年度关键词。这一年的1月，全国有30个省（区、市）4次被雾霾所笼罩，在北京，1月仅有5天不是雾霾天。有报告显示，中国最大的500个城市中，只有不到1％的城市的空气质量达到世界卫生组织推荐的空气质量标准,此外,世界上污染最严重的10个城市有7个在中国。从全年来看,北京PM2.5年均浓度高达89.5微克/米^3,超过国家标准(35微克/米^3)约1.5倍。

这是经济社会高速发展的代价。

北京一度"谈霾色变",为此,北京正式执行新的《环境空气质量标准》,全市建立35个覆盖全市的空气质量自动监测站点。

因此,2013年被誉为"PM2.5监测元年"。

2014年2月26日,习近平总书记视察北京。他在讲话中指出,要加大大气污染治理力度,应对雾霾污染、改善空气质量的首要任务是控制PM2.5。随后,北京治理大气提速加码,展现了"北京速度"。

雾霾的成因复杂,治理需要花大力气。2016年12月,入冬后出现持久雾霾天气,全国多个城市污染已达严重程度。

2017年,"坚决打赢蓝天保卫战"写入了政府工作报告。全面推进污染源治理、强化机动车尾气治理、有效应对重污染天气、严格环境执法和督查,这是当时提出治理雾霾的举措。

要治理雾霾,就要先搞懂它形成的机理,尤其是中国北方冬季雾霾,其形成机理在全世界范围内都是特殊的。国家为此设立专项资金,组织相关领域最优秀的科学家进行攻关。

正是从国家层面启动蓝天保卫战,正是包括一批科技工作者在内的社会方方面面共同努力,神州大地才最终复现山清水秀、天空蔚蓝的动人画卷。

光散射法PM2.5
监测仪的诞生

2008年，风华正茂的桂华侨觉得在环境监测领域自己的所学能派上用场，于是博士后一出站，他就来到了科学岛安徽光机所环境光学中心。

桂华侨1979年出生在安徽潜山余井镇一个农民家庭，他上面有三个姐姐。

潜山别名"舒州"，春秋时为古皖国封地，山称皖山、水称皖水、城称皖城，安徽简称"皖"即源于此。自东汉至南宋先后为州、郡、府治所近800年。

在过去的农村，有父母和三个姐姐宠着的男孩一般都是被娇惯长大的。可桂华侨不属于这一类，他从小就做家务，而且喜欢读书。

上初中时，桂华侨喜欢上了物理。物理老师舒经伦讲课非常有趣，善于将理论同生活现象结合起来，同学们都喜欢他的课。桂华侨更是学得津津有味，即使生病了，只要有舒老师的课，他也舍不得请假。

桂华侨善于学习。他不死记硬背，而是从基本定理出发，在理解的基础上记忆。每当看到同学摇头晃脑地背定理公式，他就感到纳闷：需要这么吃力去背吗？

桂华侨的家乡余井镇出了个大作家，也就是章回小说大家张恨水。他的《金粉世家》《啼笑因缘》等作品广泛流传。许多同学受张恨水影响，喜爱写作，喜爱文学。桂华侨文科成绩也非常好，尤其是政治，同样，他很少花时间去背诵，而是深入去理解，学得非常轻松。考试时，凭着对知识深刻的理解，他总能轻松答出题目。

高二文理分科时，教政治的班主任动员他选择文科。

"桂华侨，你的学习方法好，悟性高，选文科吧，将来一定能考上名牌大学。"老师说道。

"是啊，你的作文那么棒，数学又那么好！"同学也劝他。

桂华侨矛盾了，选择文科他觉得很轻松，但是内心里又非常喜爱物理。

经过一番思考后，他还是选择了理科。他舍不得放弃物理，他觉得物理世界那么有趣，他想去探究。

高中时光飞逝。桂华侨1997年参加高考，后被安徽大学物理系录取。

随着对物理的深入理解和视野的扩展，桂华侨认识到理论物理经过杨振宁等物理学家的努力，已经发展到了一定高度，很难去突破。他决定学习应用物理，用知识去服务社会。

"南山新长凤凰雏，眉目分明画不如。年小从他爱梨栗，长成须读五车书。"桂华侨心中常常诵读这首诗。这是北宋著名政治家、文学家王安石赠外孙的诗作。高中时，语文老师常常说起这首诗。

王安石与桂华侨老家潜山有着很深的渊源。他20岁中进士，31岁任舒州通判。在潜山这块土地上，他勤政爱民，政绩斐然，走遍了千山万水，留下了许多诗文和传说。

"须读五车书"，在安徽大学的校园里，桂华侨常常用王安石的诗句告诫自己。他经常在阅览室里查阅资料，钻研各种问题。

科学世界一旦潜心进去，那些未知领域就有着无限魅力，散发着诱人的力量。本科毕业后，桂华侨攻读中国科大硕士与博士学位。

桂华侨博士所学的是光学。未来具体从事哪一方面的研究呢？有些同学的理想是去高校从教，因为这份工作相对舒适些。

桂华侨常常想，一定要找一个研究平台，让自己进一步去研究，去解决一些实际问题。

他之所以选择科学岛是因为和这里有机缘。在中国科大做博士后研究期间,他经常来岛上做实验,与科学岛有研究合作,在那时便认识了刘文清研究员和他的团队。

刘文清是中国工程院院士,环境光学监测领域专家。他祖籍江苏徐州,1954年出生于安徽蚌埠。1978年毕业于中国科大物理系,后获希腊克里特大学博士学位。他在光电测量系统、微弱信号检测、目标及其环境特性、激光应用等方面有着丰富的实践经验,成功将光谱学技术应用于环境监测,开拓了我国环境光学监测技术新领域;发展了高灵敏环境监测新方法、新技术,使得这些技术达到了国际先进水平。

"成立中国科学院环境光学监测技术重点实验室这个平台,就是希望能聚集人才,做国家需要做的事情。"刘文清对桂华侨说道,"我们团队欢迎你,我们要取得成就,一定要有点家国情怀。"

"我选择光学,就是希望能够为国家,为社会解决实际问题。"桂华侨说道。

"我们看好你!"刘文清笑道。桂华侨庆幸自己能与科学岛上的安徽光机所相遇。他喜爱这里的文化。这里的关键技术研发需要包括光学、机械、电子等在内的各种人才,在环境光学重点实验室,大家组成团队,劲往一处使。

"不搞个人英雄主义,大的问题集体决定。"刘文清常常鼓励他们,"我们团队每四五年就会出一个国家奖,正是因为团队始终抱成团,经费集中使用,力量才没有分散。"

当然,不搞个人英雄主义也不是搞平均主义,更不会埋没个人功劳,而是搭建好平台,让每个人都充分发挥主观能动性,同时相互协调、密切配合。

从最初的二十多人到如今近百人的核心团队,刘文清感受到实验室最大的变化是研究方向增加了,应用广了,在环境监测技术的开发上,实验室的名声响了,但始终不变的是团队团结协作的文化氛围。

"我们实验室发展到现在,关键还是靠自己的奋斗,是大家一点一点干出来的,一步一步拼出来的。"刘建国也时常给桂华侨鼓劲,"年轻就是资本,一定要把自己的理想与国家需求结合起来,刻苦攻关!"

刘建国1991年从西北师范大学物理专业毕业,被保送至安徽光机所攻读硕士研究生。1994年7月留在安徽光机所工作至今,并在这里取得博士学位。他长期从事环境光学监测技术和光学遥感监测技术研究。

这一时期的刘建国担任中国科学院安徽光机所副所长一职。随后,他担任中国科学院环境光学与技术重点实验室主任,2014年担任中国科学院合肥物质科学研究院副院长,2019年升任院长。

"一定努力,再努力!"桂华侨方中带圆的脸上洋溢着憨厚的笑容。

作为中国科学院基地型研究所,安徽光机所拥有大气光学、环境光学、光学遥感、激光技术、大气物理化学等优势学科领域,承担了一系列重大国家科研项目及多项国家重点研发计划、国家自然科学基金、中国科学院战略先导专项,以及省市地方科技攻关项目。

桂华侨内心有一种力量,他不停地对自己说,一定要在这座美丽的岛上,在这个优秀的平台上,埋头苦干,做出成就。

2012年2月,国家环保部发布了新修订的《环境空气质量标准》。在这个标准里,新增了大气细颗粒物,也就是PM2.5这一指标的标准核定。同年,国家支持启动《环境大气中细粒子监测设备开发与应用》国家重大科学仪器设备开发专项项目。

霾粒子的分布比较均匀,其中,灰霾粒子比较小,直径从0.001微米到10微米不等,平均直径在1～2微米,是肉眼看不到的飘浮在空中的颗粒物。由灰尘、硫酸盐、硝酸盐等粒子组成的霾,其散射的光波长较长的比较多,因而霾看起来呈黄色或橙灰色。

"这种肉眼看不见的细小粒子甚至可以直接穿透肺泡进入人体的血液,从而影响人体的健康。我的光电知识正好可以在这一领域发挥作用。"桂华侨坚定了做大气细颗粒物监测技术研究工作的决心。

听起来是检测,实际上可复杂多了。一方面,我国幅员辽阔,各地颗粒物组分、环境温湿度差别很大,亟须发展准确可靠的PM2.5监测技术;另一方面,对于PM2.5污染的追因和溯源,还需要监测分析PM2.5的多种理化特性,比如数浓度、粒径谱、碳组分、消光特性等,这些都需要发展相应的在线监测技术。

桂华侨具体负责其中的光散射法PM2.5监测仪的研发。随后,他继续承担中国科学院战略先导专项、国家重点研发计划等相关任务。

在这之前,科学岛上刘文清、刘建国等一批科学家已经敏锐地意识到环境观测系统和数据的重要性,为后续的研究奠定了坚实的基础。

PM2.5粒子测量的干扰因素多(颗粒物的形状、浓度的高低、环境温湿度等),怎样才能准确测量出来? 空气中除了大气分子,还存在气溶胶粒子,也就是悬浮的固体杂质和液体微粒,如海盐粉粒、灰尘(特别是硅酸盐)、烟尘和有机物等多种物质所构成的稳定混合物。

太阳是一个巨大的火球,它向四周发射光线。当光波在遇到大气分子或气溶胶粒子等时,便会与它们发生相互作用,重新向四面八方发射出频率与入射光相同或接近,但强度较弱的光(称子波),这种现象称光散射,子波称散射光,接受原入射光并发射子波的空气分子或气溶胶粒子称散射粒子。我们所能看到的一切,就只不过是黑暗的星际空间,或者是来自某颗遥远星星的亮光。实际上,当光线穿过地球周围的大气时,它的一些能量就已经向四面八方散射。

光波在遇到大气分子或气溶胶粒子等微粒时,便会与它们发生相互作用,重新向四面八方发射出频率与入射光相同或接近但强度较弱的光(这种光我们称为"子波"),这种现象就是光散射。子波也叫散射光,接受原入射光并发射子波的空气分子或气溶胶粒子叫散射粒子。

光散射法在可吸入颗粒物浓度快速检测领域已得到广泛的应用。

在方案上,桂华侨与团队多次研究,认为常规测量存在很多弊端,他们设计出空气动力学颗粒物运行过程,用光学方法去探寻,从原理上保证精准度。

在科研过程中,困难重重。一开始,在光散射法PM2.5监测技术开发过程中,颗粒物的光散射信号很容易受到其形状、组分等因素的干扰,其测量结果很难与手工称重法比较,从而难以投入实际应用。

"应用不了,我们的研究就没什么意义。"桂华侨说道。

"是啊,我们要解决实际问题。"

"我们不要气馁,看看我们身边的科研人员,我们实验室的刘文清院士。他除了出差,一天到晚都在实验室里,真的是全身心投入到科学研究工作中。"

"对,我们要学习刘院士。"桂华侨说,"他的科研视野非常开阔,眼光非常敏锐,指引的方向都很有前景,我们要把思路打开,打开!"

有一天晚上,月影斑驳。桂华侨满脑子都是实验中的困惑。他信步走着,思考着。

秋虫停止了喧闹,夜已经很深了。他发现刚刚出差回来的刘院士的办公室的灯光还是亮的,窗户上映着他忙碌的身影。

"所有成就都是努力的结果!"桂华侨不禁感叹。

回到家,桂华侨在纸上写下:"业精于勤,荒于嬉;行成于思,毁于随。"他喜欢韩愈的这两句话,把它当作自己的座右铭,他觉得这话很适合科技工作者:一方面,要持续不断地努力,才能取得一点成绩;另一方面,要有创新的思想,才能做出更有价值的成果。

最终,他们研发出了空气动力学和光散射相结合的PM2.5监测技术,而颗粒物的空气动力学直径与质量浓度有很好的对应关系,从而可以提高测量准确性。

这种方法的光路相对复杂很多。桂华侨就结合理论与实验,通过摸索,最终确定了详细的光学调试方案,从而保证了良好的测量效果。

桂华侨全身心投入,高温假也在进行光路调整。他有个决心:要把一切问题研究透。

为了一项科研攻关,他常常需要连续几个月做实验。

  团队里，余同柱、杨义新、王焕钦及几位研究生，各自攻关，在关键技术上发挥重要作用。杨义新与课题组一起，日夜奋战，对高灵敏度微电流的测量不断进行攻关。

  余同柱很佩服桂华侨的精神，感叹地说："桂老师，有时候当我们想放弃的时候，你不厌其烦地带领我们一遍又一遍重复做实验，耐心地与我们讨论新的方案，重新搭建测量光路，这种对科研攻关执着追求的精神值得我们学习。"

  桂华侨笑着说："一定要有种韧劲！"

  在2013年，人们还在为监测PM2.5头疼时，一台可以监测空气中更小颗粒物的仪器，已在合肥研制成功。

  从外形上看，这台仪器有一台抽取空气的气泵，一个龙头似的切割器、两个纸箱大小的分析仪、一根长1米左右的采样管。

　　在进行空气质量监测时，外形像象鼻子的气管抽取空气，在这个过程中，能自动过滤掉空气中直径大于 2.5 微米的固体颗粒。空气通过切割器进入采样管，经过加热除湿，PM2.5 颗粒依次通过激光光斑，根据通过时间和散射光强的变化，系统自动计算出 PM2.5 的质量浓度，并显示数据。

　　得到监测数据不是根本目的，我们最终要做的是对空气的治理。这就需要分析 PM2.5 的成分，并找到其形成的原因，最终揪出导致 PM2.5 形成的"罪魁祸首"。

因此，他们的研究还在继续，仪器还需要进一步完善。

2013年，仪器得到进一步完善。光斑间隔1微米，要把散射信号聚焦在探测面上，这是很难的，桂华侨最终独立完成调试。

一切技术指标达到要求后，他们与安徽蓝盾光电子股份有限公司合作，进行PM2.5监测仪投产。这家公司服务于环境监测、交通管理、气象探测和军工雷达四个领域，保护碧水蓝天，保障平安畅行。

京津冀地区的空气监控是我国污染防控攻坚战能否取得胜利的关键。环境光学重点实验室作为唯一的京外团队，参与了"总理基金项目"，在京津冀地区建立了16个地区激光雷达和卫星观测相结合的立体化大气观测网络，对京津冀地区污染物输送状况进行了实时观测，为探明京津冀地区污染成因和机理打下了基础。

此外，研究团队还在长三角、华中及成渝等地的区域大气灰霾污染研究中开展了大量观测。

桂华侨经常奔赴哈尔滨、广州、北京、上海、重庆等不同地区进行测试，从北国到南疆，在多地奔波；从风雪严冬到烈日酷夏，常年忙碌。仅仅是北京怀柔一个站点，他就工作了近一年的时间。

《中国科学报》的记者曾经问他："仪器生产好了，有人去安装不就行了吗？为什么需要你本人前去测试？"

"一方面,我国地域广阔,地貌复杂,温度、湿度等条件差异大,对仪器的环境适应性提出了更高的要求,需要根据环境条件进行调试;另一方面,仪器需要进行标定测试,只有这样才能确保数据的准确性。"桂华侨说道。

"做科研不仅需要智慧,还得能吃苦。"记者不禁感叹。

桂华侨不怕吃苦。出生在农村的他,小时候就一边读书,一边帮家里干农活。尤其在暑期,农人既要收割早稻,又要插晚稻秧,这在他的家乡被称为"双抢"。烈日下干活是极其辛苦的。回想起来,这反而培养了桂华侨坚毅的品质,科研中再苦再累,咬咬牙也就过去了。

令桂华侨内心高兴的是,他们的成果已经应用于国家环境监测网、国家地面气象观测网,为打赢蓝天保卫战发挥了重大作用。

他们的收获不仅如此。

2008年北京奥运会开幕之前,刚刚成立不久的中国科学院环境光学重点实验室带着自主研制的一系列仪器设备来到北京,参与了中国科学院"北京及周边地区奥运大气环境监测和预警联合行动计划"项目。桂华侨团队建立的大气环境立体综合监测系统,为奥运会空气污染预警和制定减排措施提供了强有力的数据支撑。

此后,技术不断攻关,仪器更加先进。上海世博会、广州亚运会、北京APEC会议、2015年9月3日为纪念中国人民抗日战争暨世界反法西斯战争胜利70周年阅兵式、G20杭州峰会、厦门金砖国家领导人会议……这些重大活动的举办地，都能看见环境光学重点实验室人员的身影。

北京冬奥会之前，桂华侨带着团队成员在北京延庆地区，利用激光遥感、车载排放在线监测、开放光路检测等自主研发的设备进行全方位监测，为冬奥之前的机动车排放管控提供了技术支撑。

"我们直接测量的颗粒物浓度情况怎样？每立方厘米的宽范围量级可以从10的3次方一直做到10的7次方。这一水准处于国际领先水平。"桂华侨自豪地告诉同事。

新冠疫情在武汉肆虐期间，空气中只要存在气溶胶粒子，就可能存在病毒。团队在接到中国工程院的疫情环境风险评估任务后，第一时间回到单位，加班加点，花了3天时间就完成了自主研发仪器的装配和测试任务，然后在刘文清院士的带领下，大家不顾个人安危，逆行前往武汉开展现场实验。

可以说，面向国家战略需求，环境光学重点实验室走的每一步都为国家战略部署提供了技术储备，为我国重大环境战略的实施发挥了保驾护航的作用。

努力，让环境更美好

随着经济社会的发展，汽车已经进入千家万户。汽车让人们的出行更加便捷的同时，尾气对环境的影响也在日益增加。

汽车尾气含有固体悬浮微粒、碳氧化物、碳氢化合物、氮氢化合物等。其中，碳氢化合物成分十分复杂，浓度较高时，会让人头晕、恶心。尾气中的多环芳烃是致癌物质，如果城市中尾气排放过多，居民患肺癌的概率会明显上升。汽车尾气里氮氧化物虽然含量较少，但是毒性很大，一旦进入人体，就会在肺泡内产生亚硝酸以及硝酸，导致肺气肿等疾病。

汽车尾气中的固体悬浮颗粒会吸附金属粉尘、多种致癌物和病毒病原体等。

从一呼一吸间对人体的影响，到天空阴晴不定的"脸色"变化，无不和大气中的颗粒物息息相关。这些肉眼难见的颗粒物，时时刻刻影响着人们的生产生活。

当时有专家预测，到"十三五"（2016—2020）末，我国机动车保有量将达四亿辆。

然而，我国对国际社会已做出"二氧化碳排放力争于2030年前达到峰值，努力争取2060年前实现'碳中和'"的承诺。"十三五"期间，国家一方面强化低碳意识，减小排放的含碳量；另一方面，鼓励汽车的制造技术不断向新能源发展，向社会推行轻量化、动力优良及小型化的汽车，对机动车尾气排放更为关注，增加了相关指标。

桂华侨和他的团队又有了新的研发任务。

大家内心都很高兴，因为这是关系到大众健康的大事。

国外也开展了检测汽车尾气的技术研究，但系统均较为复杂，主要用于实验室台架实验。桂华侨团队成功研制了国内首套实用化的机动车尾气颗粒物数浓度监测仪、粒径谱监测仪，并成功应用于移动源排放检测与颗粒捕集器改造评估，为我国移动污染源监测监管提供了多项具有国际先进水平的检测装备。

他们的仪器走出了实验室，最早的仪器重达50千克，经过改进后只有10千克，且有台架式、便携式，可满足不同场景和不同需求。

"这么便捷，与国外实验室的仪器相比，检测效果怎么样？"

有记者问道。

"在机动车超细颗粒物排放监测方面，我们总体上已达国际先进水平，在相同的最高灵敏度下，浓度测量范围已在国际同类设备的40倍以上。"桂华侨自豪地回答。

我们在道路边常见的地面能见度监测技术也部分来源于桂华侨所在的实验室。团队研发的高速公路能见度仪，在整个安徽省的高速公路网进行了每隔15千米的布网监测，为高速公路的行车安全提供了保障。

这一设备很适合在高速公路上推广应用，目前已在全国20多个省市得到应用。

除了公路，他们还把眼光瞄向了飞机。

飞机所用的燃料不同于我们常见的汽油、柴油，飞机使用的是航空汽油或航空煤油，不同类型的飞机选择的燃料也不同。为了满足飞机在平流层飞行的特殊需要，航空燃料里会有一些添加剂来提高其性能，比如防爆和防结冰的物质。

飞机尾气的具体数据怎么监测呢？桂华侨团队在合肥新桥机场的支持下展开实验。他们在飞机滑行、起飞、降落时近距离去实验，在惊心动魄中，他们获得了第一手的资料，并把资料交给了国家环保部门，为绿色机场建设提供了数据支撑。

2021年5月28日，习近平总书记在中国科学院第二十次院士大会、中国工程院第十五次院士大会和中国科协第十次全国代表大会上强调，科技攻关要坚持问题导向，奔着最紧急、最紧迫的问题去。

桂华侨深受启发。他觉得作为一名科技工作者，需要找准工作坐标，明确努力方向。他决定结合自身专业优势，发展适用于我国移动源排放监管的颗粒物传感技术、高精尖的纳米颗粒物表征技术，以及面向碳达峰、碳中和、生态环境建设的监测新技术，做出更加有用的研究成果，助力环境变得更美好。

路很长，但风华正茂的桂华侨信心满满。

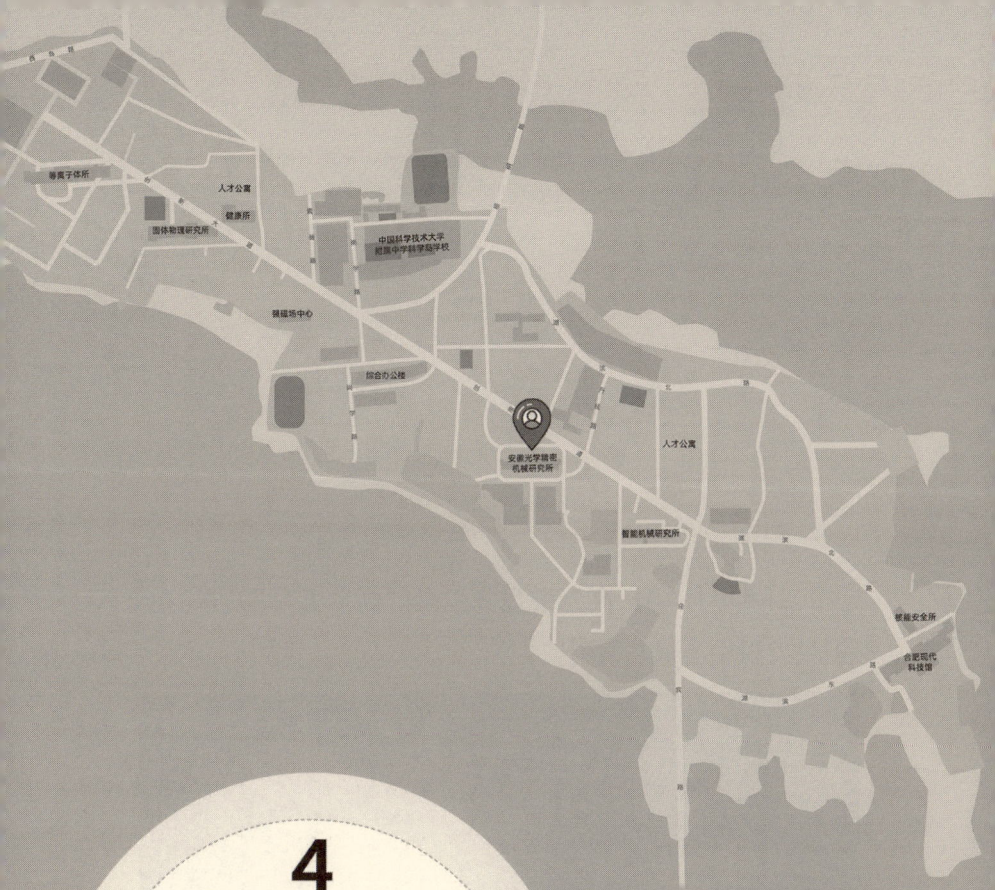

4

罗海燕

给"星星"点"睛"

2021年9月7日,高光谱观测卫星("高分五号"02星)在太原卫星发射中心成功发射。

这是由国家航天局组织实施的业务星,它将全面提升我国大气、水体、陆地的高光谱观测能力,为大气环境监测、水环境监测、生态环境监测和环境监管等环境保护主体业务提供国产

高光谱数据保障。

卫星共装载了7台探测仪器,覆盖了从紫外到长波红外谱段,融合了成像技术和高光谱探测技术,可实现空间信息、光谱信息和辐射信息的综合观测。其中搭载的4台大气监测载荷由中国科学院安徽光学精密机械研究所研制,在这4台监测载荷中,就有罗海燕带领的女子团队研制的一对载荷,有了这些载荷,大气中百万分之一浓度变化的二氧化碳、亿分之二浓度变化的甲烷都能探测出来。

此前发射的"高分五号"卫星,共搭载有6台有效载荷,其中罗海燕团队研制的大气主要温室气体监测仪是实现二氧化碳、甲烷等温室气体探测的超光谱专用载荷,采用新型空间外差光谱技术原理,具有无运动部件分光、超光谱、光通量大等技术特色,是国际上首次实现基于该技术体制研制的温室气体载荷。

罗海燕,以"巾帼不让须眉"的态度和精神,带领团队不断创新,积极服务航天载荷产品研制,为国家的"碧水蓝天"贡献力量。

爱学习的女孩

2008年6月，合肥大蜀山一片青绿。

罗海燕从中国科大机械电子工程专业硕士研究生毕业，她来到位于科学岛的安徽光机所报到，如愿成了一名科技工作者，主要从事大气遥感探测、新型光电探测。

罗海燕1982年出生于山西省长治市。长治位于山西省东南部，地处晋、冀、豫三省交界。在这块土地上，罗海燕度过了愉快的童年。

罗海燕与爸爸都毕业于长治市潞城一中。爸爸是农机专业毕业生，罗海燕从小耳濡目染，因而对机械产生了浓厚兴趣。

罗海燕的母亲名字中虽带有"软"字，但她一点都不软弱，相反,她骨子里的坚强对罗海燕影响很大。

罗海燕上面有一个姐姐,下面有一个弟弟。那个年代的农村,孩子多的家庭经济上普遍不宽裕。虽然罗海燕父母的文化程度高于一般的家庭,但他们家的生活也不容易。

罗海燕的母亲当过小学教师。三个孩子都上学,家里开销大,为了多挣些钱,她便去附近的煤场从事化验工作,后来通过自学,又从事会计工作。

有人看她辛苦,便说:"你家两个姑娘读那么多书干什么?"

"两个姑娘都愿意读,老师又说她们成绩好,怎么能停下来呢?"高软子回答。

"女孩子越有出息,嫁得越远,你们老了反而指望不上姑娘照顾呢。"

邻居们说得多了,罗海燕的父亲对于两个女儿读书这件事似乎有了些动摇。可母亲态度坚决:"只要孩子们愿意读书,无论男孩女孩,我都支持,咱们家还没到缺衣少食的地步。"

小学时,罗海燕一有问题就问姐姐。母亲则阻止她,说道:"一、二年级之后,你就要学会独立去思考,独自去解决问题。不要总是问你姐姐,问多了就会依赖。"

罗海燕不敢再问姐姐了,碰到问题便自己去想。问题解决了,她心里很快乐。

"别人家不愿供女孩子读书,你们俩只要考得上,我们都支持,考到哪儿我们支持到哪儿!"罗海燕的母亲经常给姐妹俩鼓劲。

姐妹俩学习齐头并进,一路升学闯关,根本停不下来。姐姐后来在大连工作,成了一名软件工程师。

罗海燕读中学时,母亲常常要在夜里造表、计算、核对。有时候,她让罗海燕去帮忙完成。女儿完成后,自觉满意地交给母亲。可母亲总是要反复核对,一遍、两遍……

"很好,没有错误。"母亲说道。

罗海燕则一脸的不服气,嘟着嘴说:"明明让我做,可为什么又不信任了呢? 核了一遍又一遍。"

"你可不能有这样的想法。"母亲告诉罗海燕,"账务一点错都不能有,做会计就是要反复核实,确保不出错。这是会计的责任,也是工作的程序。"

正是母亲的教诲,让罗海燕懂得了工作需要细致、耐心,做到有条不紊,同时也让她懂得了要去理解别人的工作。

高中时期,班上的同学都很努力。良好的学习环境让罗海燕有一种力量,她也不断努力。后来,她觉得做题、思考难题简直成了一种享受。她喜爱做一些有挑战的难题。

班主任李润生是语文老师。他的课非常幽默风趣,学生常常因此天马行空地畅想,他们尤其喜欢通过课文某个段落去发挥想象的环节。

课堂上,罗海燕总是被李老师点名。一开始她不敢说,后来，在老师的鼓励下，她也放飞了想象的翅膀。渐渐地，她觉得想象很有意思。课堂上，她常常扑闪着圆圆的眼睛，她感觉到思想像野马在平原、草场奔腾，像雄鹰在高空翱翔。

罗海燕也因此不断去读课外书，她想丰富自己的知识储备。书读多了，视野逐渐开阔起来。

从事科研后，罗海燕觉得语文老师当初的教学给了自己很大的帮助。因为想象力恰恰是科研工作中最为需要的。科学的细致、严谨往往会制约科技工作者的创造力，科技工作者往往不愿打破常规去创新。

高考结束后，罗海燕被西安理工大学录取。爸爸了解西安理工大学，它的前身是陕西机械学院，有着很好的学风，便鼓励女儿："你进去后会发现，在这所大学里可以学到扎实的知识，这有助于你进一步深造，去考研。"

罗海燕带着自信走进西安理工大学，她学的是机械设计及自动化专业。一个班27人，只有3个女生。

高中的时候，同学间总传言说，大学考试很简单，老师会画范围，随便应付一下就可以。那时候，大家好羡慕大学生，以为大学生考试很容易过关。可进入大学之后，罗海燕发现根本不是那么回事！学校的考试极其严格。也正因为此，同学们延续了高中时的学习习惯。教室里常常比高中时还要安静，同学们都沉浸在学习中。

有时候，有同学跟老师开玩笑："老师，能不能画画考试范围？别把大学弄成高中的加长版，好吗？"

老师则板着脸回答："不可能，你们进入大学，就是要学知识，走向社会靠的就是真才实学。"

尽管没有中学时老师和父母的严格督促，但罗海燕明白，选择了机械设计及自动化专业，需要打下良好的专业基础，只有这样，才能在今后的工作中有所作为。

大学的老师各不相同，有的一板一眼，有的风趣幽默。罗海燕很喜欢崔亚辉老师的机械原理和机械设计课。这位老师长得浓眉大眼，说话风趣，复杂的机械原理他能深入浅出地讲出来，罗海燕觉得学起来轻松又有趣。

学生们一起聊天时总难免谈论自己的老师。

"我的偶像是崔老师，他从学术涵养到个人气质，都颠覆了我对大学老师的刻板印象。"罗海燕说道。

后来，崔亚辉老师任西安理工大学机械与精密仪器学院院长，主攻机械工程学科机械设计及理论方向，是该校车辆工程方向学术带头人。

在大学本科的学习中，罗海燕成绩一直优秀。本科一毕业她继续考研，如愿被中国科大录取。

进入中国科大，罗海燕发现，来自不同学校的同学彼此差距很大，有的同学一进校就表现出了很强的科研能力。西安理工大学的教学注重基础，但科研层面本科生参与少，罗海燕意识到自己必须加倍努力。

母亲经常给她打电话，询问学习与生活的情况。

"在合肥生活适应吗?"

"合肥很好的，很适合学习和生活。"罗海燕告诉母亲。

"学习呢，紧张吗?"

"紧张，太紧张!"罗海燕回答，"不亚于高中冲刺阶段。"

"你年轻，努力些是好事，但也要注意身体。"母亲关切地叮嘱女儿。

"我们经常夜里加班呢。"

"你们课题组谁最勤奋?"

"当然是我们'老板'啊，他是课题组来得最早、走得最晚的人，对我们要求也严格。"罗海燕说，"我们对他既敬又畏——敬他勤奋、有才华，畏他太严格。"

罗海燕口中的"老板"是指导师翟超，同学们私底下都叫他"超哥"。这个亲切的称谓里带着一种敬佩，对他学术水准的敬佩，对他科研精神的敬佩。

翟超1968年出生于河北省秦皇岛，中学时代，他留给老师和同学的印象就是"学霸"。1991年，他毕业于清华大学精密仪器与机械学系，随后攻读中国科大精密机械与精密仪器系硕士研究生，毕业后留校任教，曾在日本驻波大学做访问学者。他研究的方向是测控技术、机电控制，所做的科研项目有"LAMOST光纤定位装置""火炮地面密集度测量装置""基于Zigbee(译为"紫蜂"，指新兴的短距离无线通信技术)

的无线控制网"等。

电话那头,母亲笑了,说道:"有这样的导师我就放心了,强将手下无弱兵。"

母亲的话是对的。翟超的身体力行和严格要求让罗海燕受益匪浅。在此后的科研生涯中,在面对许多困难与挫折时,罗海燕总是鼓励自己不要气馁、不要放弃,以导师为榜样。

读研的日子里,孤身一人,远离家乡,罗海燕有时候也会想家,也会感到孤独。

好在有个男生很关心他,这个男生就是来自福建的詹珍贤。他和罗海燕都是1982年出生的,是同龄人。他们一起学习,经常一起讨论问题,相互信任,在长久的相处中,两个年轻人产生了感情。

硕士毕业后,詹珍贤继续攻读博士学位。他对温婉的罗海燕说:"你就在合肥工作,等我两年,愿意吗?"

"当然愿意。"罗海燕坚定地回答。

罗海燕决定选择科学岛。面试的光学遥感中心副主任熊伟也毕业于中国科大,他问了罗海燕几个问题后,说道:"你的基础很扎实。"

詹珍贤博士毕业后,进入同样位于合肥的一家科研单位第三十八研究所,从事雷达工作,担任工程师,主研微波天线及系统集成技术。

　　埋头攻关的日子过得很快。一晃,罗海燕已经在岛上工作了15年。她觉得自己其实一直在做一件事:围绕温室气体的监测做各种研究。具体说,她的研究范围就是超光谱仪器探测机理研究、光谱仪光机设计和相关关键技术研究等。应用领域包含拉曼光谱探测、中高层大气气辉探测、中高层大气风场和拉曼光谱探测等。

　　罗海燕关注的温室气体,指的是大气中能吸收地面反射的太阳辐射并重新发出辐射的一些气体。其中,水汽、二氧化碳、氧化亚氮、氟利昂、甲烷等是大气中主要的温室气体。人类活动产生的氯氟甲烷、全氟化物吸热能力最强。

这些气体由于其本身有吸收红外线的能力，因而能使地球表面变得更暖，这类似于温室截留太阳辐射并加热温室内空气的作用，也就是"温室效应"。

温室效应、全球变暖对许多地区的自然生态系统会产生巨大影响，如气候异常、冰川退缩、冻土融化、海平面升高等。

1997年12月11日，《联合国气候变化框架公约》第三次缔约方大会在日本京都召开，促生了公约的第一个附加协议《京都议定书》。2005年2月16日，《京都议定书》正式生效，这是人类历史上首次以法规的形式限制温室气体排放。

2007年，中国政府成立了由时任国务院总理温家宝任组长的国家应对气候变化领导小组。也在这一年，中国政府发布了《中国应对气候变化国家方案》，采取积极措施应对气候变化，为保护全球气候系统做出新贡献。

一批科技工作者持续为之努力，这其中就有罗海燕。

带好团队的秘诀：
全身心融入

一步一个脚印，取得了成就的罗海燕现已担任安徽光机所光学遥感中心光电技术与工程研究室副主任。她所领军的航天产品质量保障团队共有28人，其中20人为女性，分散在产品保障、工艺过程、光机电设计等核心岗位，她们被周围的同事称为"航天女团"，曾被授予"安徽省直机关巾帼文明岗"和"全国巾帼文明岗"等多个荣誉称号。

"人们常说'妇女能顶半边天'，你们用一个个科研成果印证了这句话。"有一次，安徽光机所所长郑小兵高兴地对罗海燕说。

"路还长，我们要更加努力！"罗海燕笑着回答。

"科研的路没有尽头，你认为把团队带好主要靠什么呢？"

　　"热爱团队,全身心融入团队。"罗海燕深有感触地说,"无论是在研究领域,还是在日常生活中,这个团队的成员都是我的朋友。她们会陪我一起承担任务,一起渡过一个又一个难关,大家相互鼓励,一起成长。我们也会分享生活中的开心,分担不开心。我从团队中汲取力量,也会把热情和善良播散到这个团队里面。"

　　10多年的坚守和奉献,"航天女团"高效完成了6颗卫星13个光学遥感主载荷的研制、交付和发射任务。

　　航天器有效载荷是指航天器上直接执行航天器飞行任务,完成航天器用户应用要求的仪器、设备或分系统,它是航天器工程设计、生产、试验和轨道工作的核心部分。有效载荷包括通信广播卫星、对地观测卫星、导航卫星、科学卫星和技术试验卫星等。

时间回溯到2005年。

在科学岛上担任安徽光机所所长的刘文清与研究员刘建国等人聚在一起。

"这些年,经济发展很快,但我们的环境也面临许多问题,空气、水等环境因素与大众健康息息相关,但它们正在遭受污染。我们要将光谱学技术应用于环境监测,开拓中国环境光学监测技术新领域;我们要利用所学,为经济社会发展做贡献。"刘文清说道。

"是啊,欧洲利用卫星数据,通过一张图就能看到全球的空气污染状况。我国在环境保护方面面临非议,却没有自己的观测系统和数据。"刘建国说,"作为科技工作者,我们要有前瞻意识。"

"没有自主技术的支撑,中国的环境问题就很难解决。环境光学重点实验室的初心和使命,就是要瞄准国家重大需求,解决关键技术问题。"刘文清说。

做科研是需要经费的。由于受经济发展水平、环保意识等因素的限制,刘文清带着团队争取相关项目经费,也数次参与预研,但都进行得不顺利。

然而,团队并没有气馁,而是抓住一切可能的机会提前部署。他们利用节约下来的经费进行小型机载化实验,并以此为基础,参与了"十二五"国家重大基础科学设施——国家航空遥感系统的建设。当时，由于经费紧张，他们不得不用1台载荷的经费研制了4台仪器。

"贴钱也要上，有了这个经验，后面才有机会。"刘建国当年态度坚决，不断给团队打气、鼓劲。

果不其然，2010年，机会来了。

那一年，高分辨率对地观测系统重大专项获批启动实施，这是2008年颁布的《国家中长期科学与技术发展规划纲要（2006—2020年）》确定的16个重大科技专项之一。为了填补我国在高光谱分辨率对地观测方面的空白，这个专项明确提出多部门联动，组成国家基础设施平台，并将高分系列卫星列入科研卫星序列。

因此，安徽光机所环境光学重点实验室这一航天"门外汉"得以参与其中。

"高分专项"是一个很庞大的遥感技术项目，包含至少7颗卫星和其他观测平台，分别编号为"高分一号"到"高分七号"高分系列卫星。

"高分一号"卫星于2013年4月成功发射，搭载了2台多光谱相机，分辨率达到2米，一眼覆盖800千米，4天可看遍地球。

2014年8月，"高分二号"成功发射入轨。"高分二号"是空间分辨率高的民用遥感卫星，分辨率在1米以下，达到分米、厘米，甚至是毫米级别，也就是专家所说的"亚米级"。

2016年8月，"高分三号"发射升空。它设计了聚束、方位多波束、条带、扫描、四极化、波等12种工作模式，带有主动探测载荷，通过发射微波信号并接收地面反射的回波信号进行探测，不受光照、云层和天气的约束与影响。

2015年12月，"高分四号"发射升空，它运行于地球同步轨道，成为观测地球的最高"太空眼"，可见光谱段分辨率50米，中波红外谱段分辨率400米，开辟了我国地球同步轨道高分辨率对地观测的新领域。

2018年5月，"高分五号"发射升空，它是世界首颗实现对大气和陆地综合观测的全谱段高光谱卫星。它的工作模式多达26种，可动态反映我国大气污染状况。

2018年6月，"高分六号"成功发射，它与"高空一号"组网运行，以星座方式将时间分辨率从4天缩短到2天。

"高分七号"于2019年11月成功发射，该卫星运行于太阳同步轨道。它通过立体相机和激光测高仪复合测绘的模式，实现1∶10000比例尺立体测图，使我国迈进了航天测绘新时代。

也是在2010年，安徽光机所航天载荷项目立项。罗海燕所领军的航天产品质量保障团队成立。

该团队主要从事大气主要温室气体监测、气溶胶雾霾监测等卫星载荷的研制工作。在光学设计，结构设计，光机装调包括电子学的设计，电子工艺的联调联试，产品的保障、安全性及可靠性等环节都有她们的身影。

罗海燕以团队为家，与团队成员一起做科研，互帮互助，其乐融融。

在这个女子团队里，汪筠年长些，被大家亲切地称呼为"大姐"。汪筠从小就在科学岛长大，对这里的一草一木、一楼一宇都非常熟悉，也充满感情。

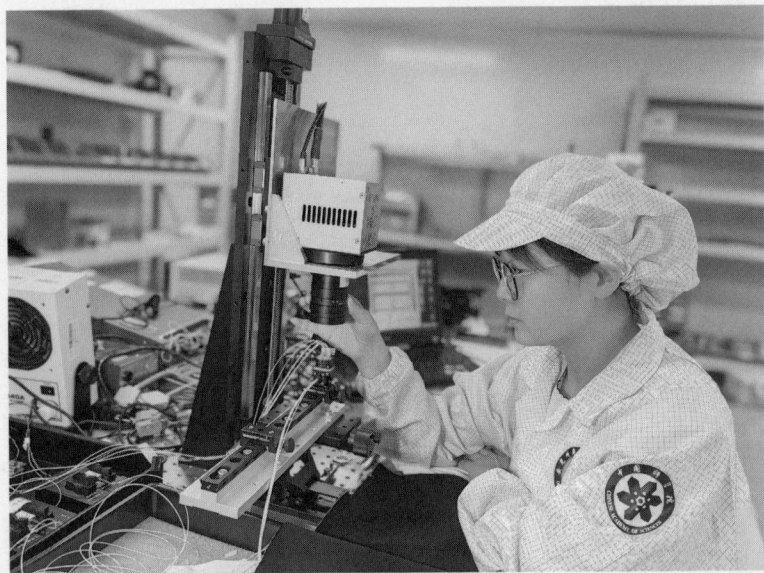

父母对汪筠成长的引导作用非常明显，要求她从小就自信与独立。尤其是父亲，他是汪筠的偶像。在汪筠眼里，大到组装电视机，小到维修台灯，父亲简直无所不能。

超净实验室里，架子上放的是装在胶囊里的棱镜、大大小小数百种螺丝、小米一般大小的贴片电阻等。这些都要一块块、一根根焊接，拼装在一起，毫无疑问，这是非常细致的手工活。汪筠心细，工作时屏气凝神，一丝不苟。

"光学器件，需要一尘不染，发射后要经受太空等极端环境的考验，需要无比牢固。因为一去不返，没有返修机会，所以这些零部件更需要有质量保障。"她总是这样告诉自己。

在大家的印象中，软件主管设计师一般男性居多。而在"航天女团"中，路美娜则是一名女性航天产品可编程逻辑器件软件主管设计师。卫星载荷的软件编程严格、复杂，路美娜写过的最长的代码有近6000行，这不仅需要智慧，还需要耐心。

航天产品在研制过程中涉及数百项操作规范和规章制度，团队另一名成员孙真必须严格监督，确保每一项规则都严格执行。她身兼产保经理、主管质量师、可靠性主管设计师等数职，除了要按照数百份质量规章对接多个部门全流程监督，她还要设计环境模拟等实验。假如有一个光学产品的成像质量不好，问题可能出现在生产和装调过程中，也可能出现在原材料的一个环节里，这需要一步一步去排查。

孙真出生于河南省南阳市新野县，父母都是只有高中文凭的农民，一辈子勤勤恳恳。孙真从小就帮父母干农活，尤其是农忙时，一到周末或者放假，她就跟着父母去田里干农活，到了中午再回家烧饭，送到田里。农闲时，她通常会被留在家里"看家"，她会坐在门口看课外书，一看就入迷。

勤劳、踏实、独立、专注，是父母刻在孙真生命中的印记。她也把这种品质带到了工作中，在"环境减灾二号"卫星大气校正仪、大气环境监测卫星高精度偏振扫描仪、高光谱观测卫星高精度偏振扫描仪、"嫦娥七号"飞跃器月壤水分子分析仪等航天载荷研制和管理的相关工作中，都有孙真的身影。

她和其他姐妹在"航天女团"大家庭中愉快工作，共同成长。

不能把任何隐患送上天

一路走来，罗海燕庆幸自己很幸福。

读博士的时候，罗海燕怀孕了。孩子从出生到读幼儿园的这段时间，她正好在攻读博士学位。每天她等孩子睡着了，才能看书，准备论文。

孩子读小学一、二年级时，罗海燕总要抽出时间督促她学习。到了三年级，她要求孩子独立去完成作业，孩子则一切以母亲为榜样。

做科研经常加班，罗海燕往往很晚才能回家。一开始，孩子总是等妈妈回家才入睡，后来习惯了妈妈很晚回来。有时候，罗海燕回家时，孩子已经睡着了，第二天一大早她去上班的时候，孩子还没醒来。生活在同一屋檐下的母女俩有时候几天都见不到一面。在这样忙碌的节奏下,时间不知不觉地从指缝间流过。

2019年底,罗海燕团队为"高分五号"卫星系列中的02号星做载荷。时间紧、任务重,大家争分夺秒,研制好后送上海做实验。

等她们回到合肥,新冠疫情的消息像雾霾一样笼罩着整座城市。

2020年1月23日凌晨,武汉疫情防控指挥部发布"1号通告",当天10时起,机场、火车站离汉通道暂时关闭。

大家的心都悬了起来。

"我们的科研不能耽误。"罗海燕告诉团队的姐妹们,"一边做好个人防护,一边继续工作。"

新闻媒体不断报道着关于疫情的各种消息。这年的正月,大街上格外安静。因为项目进度需要,团队必须开展新的试验。春节期间,单位食堂不工作,受疫情影响,很多小区进出受限。大年初四这天,大家便带着电磁炉、锅碗瓢盆、调料和面条、饺子,住在了试验厂房旁边的休息间,轮班轮岗。特殊的危机时期,大家干劲更足,相处更融洽,经过十几天的努力,团队终于如期完成实验任务。

卫星发射前,她们要对载荷做装配。螺钉、平垫等微小的零件都需要耐心安装。

安装过程中,罗海燕隐隐感觉有个平垫掉了,她急忙去找,可没找到。平垫只有两三毫米大小，太难找。

"大家都没看到啊，是不是没掉？"同事们一边找，一边问。

"你们这么一说，我还真不确定了，或许没掉吧，或许是我的错觉？"罗海燕有些迟疑了。

"那先安装吧，等会儿大家一起找。"

安装后，大家聚精会神地找那个可能掉了的平垫。载荷里、地面上，大家忙了一通，可就是没有收获。

时间一分分流逝，当时已经是凌晨3点了，可哪有平垫的影子呢？还有的同事又困又累，已经打起了哈欠。

"咱们回去休息吧，或许真没掉。"罗海燕说道，她担心影响大家休息。

可到家后，罗海燕根本睡不着。她静静回忆着整个过程。夜里格外安静，她的思维也格外清晰，一番回忆后，她确定当时的确掉了一个平垫。可问题是，平垫掉在哪儿了呢？

"绝不能把隐患带上天。"这晚，她根本没有睡着。天还没亮，罗海燕就来到实验室。她反复检查，发现一个包扎线路的胶带缝隙里隐约闪亮，她打开一看，果然是需要寻找的平垫。

后来，团队姐妹们得知找到了平垫，都很高兴，也都很敬佩罗海燕的敬业和一丝不苟。

"不管遇到什么困难，我都觉得不能放弃，尽自己最大努力做好自己应该做的事情。因为一旦自己放弃了，咱们整个团队可能都会受影响。谢谢你们的支持！"罗海燕动情地说道。

"我们不是独立的科研人员，除了肩负起各自岗位上的责任，还应该相互帮助、相互鼓励。"姐妹们说道。

有时候，罗海燕会召集大家，一起谋划未来的工作。

"我想把手头上的事情做好，目前我整理了三个小的方向。一是高空间分辨率的温室气体探测，主要做城市、重点行业的碳核查，希望我们提出的方案在10年，甚至在5年后能发挥它的效能；二是临近空间大气廓线同步探测技术，为了解区域的大气活动提供高精度和高时效性的探测数据；三是做好新型的光电探测技术探索和应用推广。"罗海燕为大家开了个头儿。大家接着畅所欲言，各自描述起了科研理想和计划。

"我们的科研工作涉及的技术，诸如成像、光谱、偏振、荧光等，与国家的重大需求相关，很有意义。我们要做一个、成一个，踏实做好技术，赢得口碑。"罗海燕鼓励着姐妹们。

"做一个、成一个，踏实做好技术，赢得口碑！"姐妹们很有信心地重复道。

为了和孩子有更多的相处时间，周末加班时，罗海燕和同事会把孩子带到办公室。一来她们可以利用空闲时间为孩子辅导功课，二来也可以让她们的孩子更加了解妈妈们的工作。

"这是什么呀？新型飞机吗？"孩子们会指着模型很好奇地问。

"这不是飞机，是卫星。"罗海燕告诉孩子们，"这是高分卫星，你们看这长长的、蓝蓝的，它不是飞起的翅膀，而是太阳能板,给卫星提供能量。"

"高分卫星有什么用啊?"

"高分卫星呀,它完整的名字是高分辨率对地观测卫星,可以说是人类在太空安装的高效'监控眼',通过它,我们能够更全面、更清楚、更深刻地了解地球及其周围环境。咱们国家现在已经发射了7种高分卫星。"路美娜给孩子们做介绍。

"发射这么多卫星干什么呢?"孩子们睁大眼睛好奇地问。

路美娜笑了,说道:"假如,给你们一个任务,日夜守护这美丽的科学岛,每一个角落都要守护住,有陌生人进来就汇报,你们一个人看得过来吗?"

"科学岛这么大,看不过来。"孩子们摇着头回答。

"对呀,地球很大,要想全范围观察,就要多派卫星上天。"路美娜说道。

"能观察到什么呢? 那么高,还有云层挡着。"孩子们问。

"可以观察很多呀!"汪筠见孩子们感兴趣,便凑了过来进行科普,"历史上的鸦片战争,你们都知道吧?"

"知道,西方列强把鸦片倾销到中国,麻痹国人的身体和精神。林则徐禁烟,列强不满,发动了鸦片战争。"

"鸦片就是从罂粟中提炼的,有人为了牟利,还偷种罂粟。公安部利用'高分一号'卫星提供的数据,发现了多处罂粟种植区,进行了取缔。"汪筠告诉孩子们,"再比如,耕地是咱们赖以生存的根本,哪里有违规侵占耕地的行为,高分卫星都会发现。

还有啊，有的工厂违规排放污染物，造成环境污染，这些高分卫星也能发现。"

"真了不起，它们'飞'得那么高，居然还看得清！"孩子们啧啧称奇。

"高分系列遥感卫星开展分类普查、监测等，主要是靠精细光谱。光谱有点像人的指纹，不同物质的光谱是不一样的，光谱分得越细，物质类型就可以揭示得越彻底。"

"1975年，咱们国家首次发射返回式遥感卫星。随后，咱们又发射了风云气象卫星、环境卫星、资源卫星、海洋卫星、实践科学探测卫星和遥感系列卫星。这些卫星应用于气象观测、环境和灾害监测、国土资源调查、地质灾害应急监测、海洋观测科学实验、地表覆盖和自然现象观测，保障了现代农业、防灾减灾、资源调查、环境保护和国家安全的重大战略需求。发展到今天，卫星遥感已经把人类带入一个多层、立体、多角度、全方位和全天候对地观测的新时代。"罗海燕说道。

"哦，真厉害！希望咱们多造卫星，这样咱们的国家就会越来越好！"孩子们的语言质朴，个个都一脸骄傲。

在"高分五号"卫星模型前，孩子们饶有兴趣地观看，问这问那。罗海燕用手指着模型介绍道："你们看，这颗星配置有6台先进有效载荷：大气环境红外甚高光谱分辨探测仪、大气痕量气体差分吸收光谱仪、全谱段光谱成像仪、大气主要温室气体监测仪、大气气溶胶多角度偏振探测仪、可见短波红外高光

青春力量
追寻科学之光的故事

谱相机,观测谱段覆盖紫外至长波红外。这6大载荷让'高分五号'卫星拥有了'火眼金睛',可以在天上监测大气的情况。"

"妈妈,哪些部件是你们研制出来的?"

"看这,看这!"罗海燕和同事们指着共同研制的载荷,告诉孩子们。

"这些好像卫星的眼睛!"孩子们想象力丰富,激动地说。

"卫星上天之后,咱们从地球上看,它们就像星星吗?"

"是的,卫星上天了,也就成了星星。"罗海燕说道。

"妈妈,你们就是给星星点睛了!"

"是的,我们的工作就是给星星点睛!"罗海燕和姐妹们笑了,"这些眼睛正守望着咱们美丽的家园呢。"

星辰大海,追求无尽。罗海燕带领着团队的姐妹们,一直探索,勇往直前。

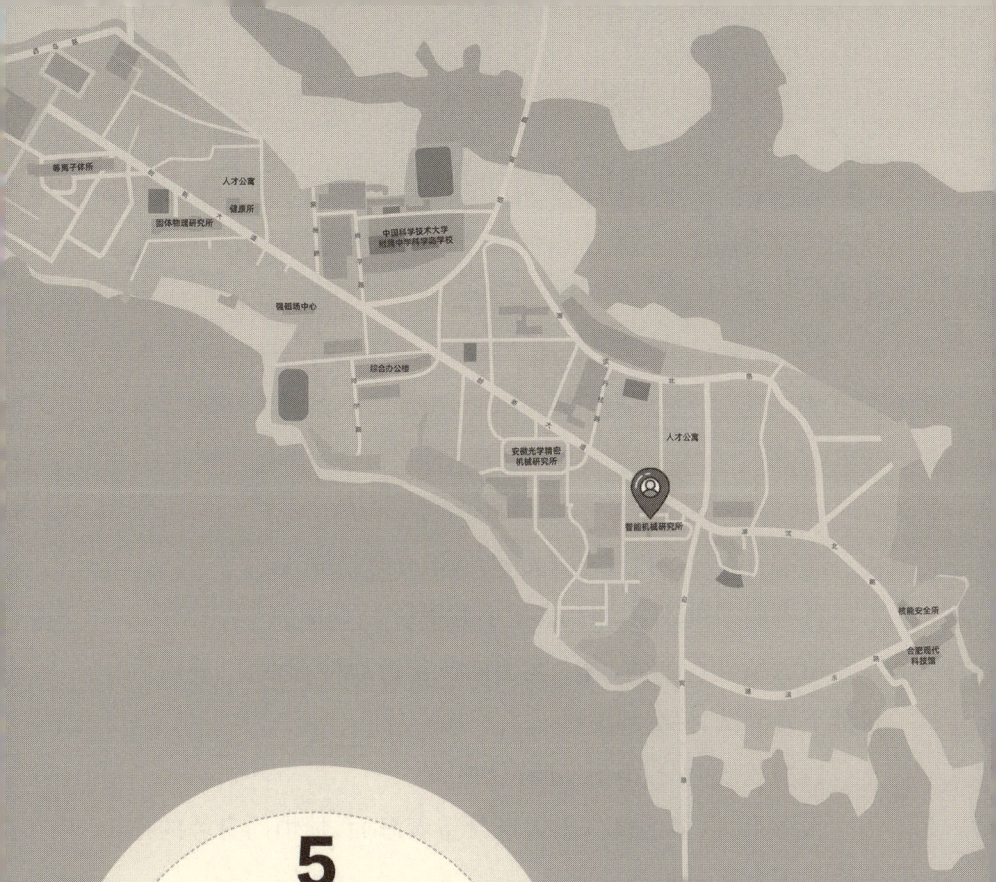

5

深海4500米
机械臂系统
研制团队

让深海机械臂运用自如

2023年5月,南海,一望无际,偶尔有海鸥掠过。

科考船乘风破浪,来到海上实验平台。

白天紫外线强烈,海上实验团队午饭后检查设备,晚饭后仪器下海测试,持续到凌晨。

11日傍晚时分,海上实验再次开始。

大海上,巨浪涌荡。王大庆凝望着海面,悄悄问身旁的孙玉香:"不会有问题吧?"

"不会,我们有信心!"孙玉香告诉他。

深海机械臂在海底灵活作业。中国科学院深海科学与工程研究所副所长阳宁走过来,高兴地对孙玉香说道:"祝贺你们,试验成功了!"

孙玉香听后,热泪夺眶而出。几百个日日夜夜的努力,梦想终于变成了现实。

五星红旗在湛蓝的大海上空徐徐升起,在初升太阳的照耀下,熠熠生辉。

向着大海深处，进发！

2018年4月12日，天空蔚蓝，街道上鲜花盛开。

这天下午，习近平总书记来到设在三亚市的中国科学院深海科学与工程研究所，看望科技人员并考察科技创新情况。他指出，一定要加强创新协作，加快打造深海研发基地，加快发展深海科技事业，推动我国海洋科技全面发展。

大海覆盖了地球约70％的表面积，蕴藏着地球上未被人类认知和开发的宝藏。

向海洋进军的号角被吹响。

2020年11月，"奋斗者号"载人潜水器成功抵达马里亚纳海沟万米海底；2022年度，它下潜多达75次，其中4次超过万米深度；"深海勇士号"载人潜水器2022年下潜100次，总潜次达到525次。

合肥科学岛上，也有一支团队牢记习近平总书记的嘱托，这就是高理富研究团队。他们历经数年，研制的深海智能机械臂系统在南海海域完成了4500米级海上试验。

高理富是安徽省合肥市肥东县人，在充满希望的人生路途中，他不畏艰难，锐意进取，先后师从王国泰先生和葛运建先生，完成了硕士、博士研究生学习，师从王跃超先生，完成了博士后研究工作，后来主要从事传感器和机器人方面的科研工作。

习近平总书记"向海洋进军，加快建设海洋强国"的号召传到科学岛，大家很兴奋，内心洋溢起科研报国的激情。要知道，在深海环境中应用多维力传感器，这可是科学岛上几代人一直想干的事。

追溯起来，我国对六维力传感器的研究还要从20世纪80年代末说起，从那时开始，就有一批科学家为之不懈探索。中国科学院合肥智能机械研究所（现为中国科学院合肥研究院智能所）也着手研究，并在1991年研制出了我国第一台六维力传感器。

王国泰、戈瑜和葛运建等最早研究把六维力传感器应用于航天，随后，他们把目光投向了深海。从20世纪90年代开始，葛运建便带领一批技术人员进行深海项目攻关，这其中就有高理富。

在海外的几年时间里,高理富一边学习,一边等待机会回国。2011年,他回到科学岛,相继担任了机器人传感器与人机交互实验室主任和智能所副所长,主要从事机器人相关技术在航天、深海、核等极端环境下的应用研究。

　　孙玉香、聂余满、王大庆、曹会彬、江曼,以及在读博士生余田田、张越,硕士生殷浩宇、王千年等,他们教育背景不一样、年龄不同,但为了共同的目标,都先后参与到高理富的项目中。

　　带着情怀与使命,他们开始了艰苦的征程。

差点辍学的女孩爱上科学

2009 年，孙玉香从南京理工大学硕士毕业。她来到科学岛，就职于智能所，进入葛运建课题组。

了解葛运建的出身和成就后，孙玉香感到自己能进入这个课题组是幸运的。

1949 年 11 月，2 岁的葛运建和姐姐葛运培被父母葛庭燧、何怡贞带回国，随后在北京、沈阳、合肥等地学习和工作。

1989 年，葛运建在法国国家应用科学学院获博士学位。此后，他在科学岛潜心研究，领导的智能所机器人传感器实验室暨国家"863 计划"智能机器人传感技术网点实验室，以信息获取科学、人机交互临场感、多传感器信息融合与传输、仿生学、运动生物力学工程为主要研究方向，以特殊环境和需要的力信息获取和感知系统、多维柔性触觉阵列传感器、可穿戴式助老助残机器人、数字运动员和运动员训练指导系统为创新目标,先后完成了几十项课题。

科学岛上有个科学家精神纪念馆,其中就有葛庭燧院士的专题介绍。孙玉香常常来到这里,凝望着葛庭燧的塑像和不同时期的照片,心中满是力量。这是多么了不起的科学家啊!孙玉香不禁感慨,因为她知道葛庭燧院士创造性地发明了金属的内耗测量装置,并成功地利用该装置首次发现了晶粒间界内耗峰,被国际科学界誉为"葛氏扭摆""葛氏峰"。更让人敬佩的是,新中国成立之初,他放弃在美国优厚的待遇,在祖国最需要科学人才的时候,冲破一切阻力,回到祖国的怀抱,一次次到艰难困苦的地方去支援科学建设。从北京,到沈阳,到合肥,他走到哪儿,就把科研精神带到哪儿。

"心中有理想,才能成就一番事业!"孙玉香告诉自己,要向葛庭燧这样的科学家学习,带着情怀去工作,为实现科技强国的梦想贡献自己的力量。

在同事的眼中,孙玉香乐观、自信,脸上总是洋溢着快乐、灿烂的笑容。

"我很庆幸自己能在中国科学院这个平台从事科研工作。只要我们有好的建议和想法,在这里都会得到充分的尊重和支持。"孙玉香如是说,"科学岛给科研人员提供了良好的环境支撑,让大家都能安心从事科研,产出更多的科研成果。"

在岛上工作十多年,孙玉香一边工作,一边攻读了中国科大的博士学位,并先后参与了国际重大合作项目、科技部ITER重大专项和中国科学院先导专项等多个科研项目,将科研工作中遇到的问题与在校获得的理论知识相结合,反复去思考、论证与实践,为问题的解决提供了很好的办法,孙玉香的科研能力也在一点一滴的实践中得到不断提高。每当解决一个问题,孙玉香就觉得特别有成就感,这种成就感也加深了孙玉香对科研工作的兴趣和热爱。

只是,大家不知道的是,孙玉香的乐观与自信并非天生,而是与她的成长经历密切相关。

孙玉香的家乡安徽无为,是长江北岸一个历史悠久的县级市。1984年,孙玉香出生在无为一个半农半商的家庭。父亲孙立长读到高一辍学了,母亲赵秀铃只有小学文化水平,但是他们头脑灵活、勤劳踏实、积极乐观,这深深影响了孙玉香的学习与成长。

无为境内河流纵横,当地人思想活跃。许多人选择经商,实现了生活富裕的目标。吕向阳、王传福就是他们中的代表人物。

孙立长也做些生意。最初,他收珍珠,后来做其他生意,听说什么好赚钱就做什么。在经济大潮中,他的生意做得时好时坏,一家人的生活也时好时坏。但他善于总结,总是对孩子们说,生活有许多不测,但人要善于把握方向,积极应对。

孙立长家里孩子多。身为老大的孙玉香一边读书，一边帮助家里照顾料理生意。岁月不知不觉地流逝，孙玉香的成绩一直在班级里中上等，就这样，她上了一年又一年的学。小学毕业后，她进入芜湖县荆山中学（现为芜湖市第二十七中学荆山校区）读初中。

初一暑假的一天，父亲找她谈话："家里生意忙，弟弟妹妹们又小，下学期你就不要再去上学了。"父亲的这句话真是晴天霹雳。虽然平时也帮父母料理生意，看着父母与人讨价还价，但孙玉香觉得，这不是她要走的路，学还要上。要是辍学不读书，那自己今后的人生一眼就能看到头：像村子里那些已经辍学的女孩一样，要么帮父母干活，要么外出打工，比如去北京、上海等大城市做保姆。孙玉香不能接受这样的未来，她流着泪，不同意父亲的建议。

亲戚们被动员来做她的工作。

"你家孩子多，父母多辛苦啊，要懂得体贴他们。"

"看看我们周边，有几个女孩子读书啊，又有几个女孩子考上了大学呢？多读一年，少读一年，长大都要嫁人。"

"就是考上学又怎样呢？你看看那些上班的，天天骑着自行车，叮当叮当，一辈子也就这节奏。"

"弟弟是家里的男孩，你们做姐姐的要帮父母，给弟弟创造条件去读书。你是大姐，更要带头。"

这些声音轮番轰炸。孙玉香不知道怎么去争辩，但她清楚,不能放弃读书。她去同学家诉说心中苦闷。

同学也没有办法,于是她向班主任求助。

班主任王友福是最受学生信任的老师。刚刚进入初中的时候,班级里有一种论调,说女孩子进入中学后,成绩就会不行,加之社会上尚存重男轻女的落后思想,因此有许多女孩子辍学务工。孙玉香的班里也有几位女生思想出现了动摇。

班主任王友福很重视女生的学习,经常找她们开会:"告诉你们,我教的学生中,许多女生中考成绩都非常优秀,还有人考过全校第一名。"

"大家都说女孩子读书没出息。"有的女生嘀咕。

"谁说的?居里夫人是世界上伟大的科学家,她就是女性。"王友福告诉大家,"女生要自爱、自立、自强,当下好好学习才是我们应该想的,其他都不要去想。未来你们会明白,你们坚持读书,与那些辍学的女生的人生是不一样的。"

得知孙玉香家长准备让孩子辍学,王友福急了,他来到孙玉香家里,与孙立长夫妇进行了很长时间的沟通。

"我们听老师的,虽然家里孩子多,眼下的生意也的确需要一个帮手。但再苦再累,只要孩子愿意读书,我们都支持她。"孙立长当下表态。

"好的,今后你们一定会知道,这个决定是正确的。"王友福笑了。

初二开学了,孙玉香继续走进课堂。她格外珍惜上学的机会,心中觉得这是额外得来的,所以听讲时更加认真,写作业也越发一丝不苟。

对于孩子的学习,孙立长很开明,他不一味地训斥,更多的时候是给予鼓励。赵秀玲任劳任怨帮助丈夫料理家中大事小事,她在孩子们的教育上也说不出一个道道。因此,孙玉香的成长过程,很多时候都靠自己去悟,去明白一些道理。

孙玉香至今对爸爸"金饭碗"的理论记忆犹新,甚至是受益匪浅。孙立长经常教育孩子们:"什么叫'金饭碗'？金饭碗就是拥有强大的适应能力,那是无论在什么样的环境里都能吃到饭的能力,而不是一份永不丢失的工作。"

孙立长在由农民到商人的角色转向过程中,切实践行了他的"金饭碗"理论。在市场上,他敢拼敢闯,每次生意失败以后,他总能迅速地站起来,重新开始。受父亲的影响,孙玉香也学到了永不言败、努力钻研的精神。尤其是走上工作岗位后,遇到困难的时候,她总努力突破困难,继续前进。

大四准备考研时,很多一起备考的同学都一心二用,同时忙着找工作,因为他们担心最后研究生没考上,工作也没找到。可一旦找到合适的岗位,考研的决心便开始动摇。孙玉香当时也存在这样的矛盾心理,她征求父亲的意见。

"既然决定了考研,那就全力以赴,暂时不要去找工作。"孙立长说道。

"可是,要是我考不上怎么办?"

"事怕有心人,你如果真下了决心,怎么会考不上呢?"孙立长说,"如果尽力考,结果研究生没考上,工作也没找到,那也不怕,爸爸养你!"

有了父亲的支持,孙玉香全力备考。果然,当年她就考取了南京理工大学的研究生,为她今后专心做科研奠定了基础。

在科学岛,孙玉香的主要研究方向为多维力传感器技术及应用。她参与研制的航天六维力传感器于2016年顺利升空,这是我国自主研制的在空间工作的力/力矩测量仪器。在深海4500米智能精确作业模块研制的项目中,孙玉香主要负责深海六维力传感器的结构与密封设计工作及整个项目的执行与协调工作。

六维力传感器是一种能够获取三维空间中的力/力矩信息的高精度测量仪器,它可以安装在机器人手臂腕部,帮助机器人获取与外界交互时接触力的大小和方向。机器人有了力感知功能,就可以像人类一样知"轻重",就可以完成更加精细的任务。

共同目标，大家一起拼搏

来自安徽芜湖的聂余满，在科学岛获得工学硕士学位后，赴日本广岛大学攻读复杂系统工学博士学位。

2011年8月，聂余满回到科学岛开展高速主动图像感知技术方面的研究工作。他在每秒数千至数万帧的高速图像感知和实时处理技术方面，取得了多项国内领先、国际先进的成果，获得了国家高科技领域课题、国家重点研发计划子课题、国家自然科学基金和多家知名企业的项目支持。

作为感知中心的一员，当高理富邀请他加入深海4500米智能精确作业模块项目并负责深海作业目标毫米级定位工作时，聂余满欣然同意，随后带领刘宏伟、汤远洋、周子等多名研究生开始了长达数年的项目攻关。

高理富的几位博士研究生也陆续加入了团队。他们年轻，思维敏锐，身上有一股拼劲，这为团队带来了朝气。高理富喜欢与他们聊天，听他们的想法。有些想法虽然在技术上很难实现，但具有开拓意义。

团队的王大庆是位个头儿高高的帅小伙。他老家在安徽大别山深处的霍山上土市镇，紧邻湖北。小时候，去县城要坐车，每天仅有一趟中巴车在盘山公路上"爬行"，区区六十几千米的路程需要颠簸五六个小时才能到达。如果早上5点出发，返回家中往往都晚上6点了。那时候，大人们常常对孩子说，想要走出大山，就要好好读书。

王大庆的成长离不开母亲张群的悉心教育。无论自己多么辛苦，张群都一直支持儿子读书。

张群的内心有对于读书的遗憾。她上学的时候，即使在小学阶段，每一次升级也都需要考试。当时，许多同龄人一、二年级就被考试淘汰而辍学了。张群喜爱读书，考试一路过关，读到了五年级。

就在她兴致勃勃地准备上初中时，母亲却生病了，弟弟年幼贪玩，一家人的生活全靠父亲务农兼做小生意维持。山区普遍贫困，张群一家人因为要照顾生病的母亲，生活更是捉襟见肘。

开学的时候，张群满以为自己的成绩可以上初中。父亲却告诉她说，她没有考上。

张群心中纳闷:自己考试的感觉非常好啊,怎么会没考上呢? 一个十几岁的女孩子,虽然觉得失望,可也只是在心里暗想一番而已。

看到其他孩子都去上学了,张群的内心很羡慕,可自己只能接受命运的安排,帮父亲干农活。有一天,她照例去溪边洗衣服。衣服入水前,她发现了父亲衣服口袋里有个东西,掏出来一看,是一张录取通知书!

原来张群考上了,父亲为了让她帮家里干活,骗了她。泪水顿时涌了出来,一种被欺骗的感觉涌上心头。她急忙跑回家,她要找父亲理论,找他给个说法!

跑到家时,父亲正扛着农具准备下地。他似乎发现女儿知道了实情,于是匆匆离开。

张群看看躺在床上的母亲,一肚子的话都无法说出,泪水默默地在心头流淌。她告诉自己,还要什么说法,自己现在所见到的就是说法,认命吧! 这个家,哪里供得起自己读书啊,何况她还有个弟弟,弟弟把书念好了,才是父母全部的希望。

与山区没读书的其他女孩子一样,张群在干农活中长大,随后结婚生子。所幸她的丈夫有着高中文凭,在贫困的山区,在那个年代,念过高中就算得上文化人了。

后来,儿子王大庆就成了张群全部的希望。她在内心发誓:日子无论多难,都一定不耽误儿子读书。

王大庆很懂事,听母亲流着泪说她的故事,他暗暗告诉自己要好好学习。王大庆就读的黄栗杪小学很破旧。夏天,暴雨往窗户里灌;冬天,冷风直往教室里钻。可不管刮风还是下雨,王大庆坚持不缺课。他读三年级的时候,武警安徽省总队捐资新建了黄栗杪希望小学。校园竣工投入使用仪式上,王大庆代表学生发言。也正是这一次,王大庆内心有了荣誉感和责任感,萌生了走出大山的愿望。

初三第一节物理课,王大庆印象很深。物理老师用不标准的普通话说:"同学们,学好数理化,走遍天下都不怕。大家好好学物理,将来要去为国家造原子弹。"老师话音刚落,同学们都笑了,觉得那是天方夜谭,遥不可及。王大庆却受到影响,憧憬着将来能成为一名科技工作者。

三年后,王大庆以优异的成绩被安徽大学录取,在测控技术与仪器专业学习。妈妈的故事时刻在他心中,成了他不断奋进的动力。本科毕业后,许多同学走上了工作岗位。王大庆决定继续深造。

2013年,王大庆考取中国科大自动化系硕士研究生,师从高理富。两年后的9月,他转入博士研究生阶段的学习。2019年,王大庆以出色的成绩正式开始了科学岛的工作,也加入了高理富的团队,成为深海4500米智能精确作业模块研制项目组的一员。

"妈妈,我留在科学岛工作了,您高兴吗?"工作确定那天,他给妈妈打了个电话。

"高兴!"电话那头,张群的声音哽咽了。她不懂儿子工作的内容,但她知道儿子是为国家做研究,因此心中有一种说不出的自豪感。

在这个项目中,王大庆主要负责机械臂控制系统的研发。项目要应用于深海,许多东西他都不懂,也没有现成的经验,需要他一步步去摸索。王大庆不知疲倦地钻研,查阅文献,向有经验的前辈请教,把复杂的事情模块化。妈妈有时候打电话告诉他注意身体,他总说:"我要趁年轻多做点事,其实,工作中、科研中有很多乐趣。"

电视剧《士兵突击》里,有一段描写主角许三多的话:"他做每件小事就好像抓住一棵救命稻草一样,到最后才发现,他抓住的已经不是稻草,而是参天大树。"王大庆对这段话印象极其深刻,他常常告诉自己,认真做好当下每一件事,不断提升自己,只要方向没错,未来一定不会差。

研发过程中,他按照问题的属性将其分解为若干个独立的小问题,再各个击破,这样一来,复杂的问题慢慢变得简单了。从2019年底的方案设计、仿真计算,到2023年水池试验与海试,都顺利地按照预期完成。

博士生余田田也在这个项目中发挥了重要作用。

　　余田田来自大别山深处的岳西县。那里，山清水秀。2003年，她从岳西中学考入安徽大学。有一次，屈磊教授给学生上关于图像处理的选修课，他向学生演示图像建模的程序，这激起了余田田对图像算法的兴趣。本科毕业后，她报考了西安电子科技大学人工智能学院关于图像处理方向的研究生。

　　读高理富的博士之前，余田田曾在一家机器人公司上班，积累了许多实践经验，这对她在这个项目中发挥作用打下了基础。

　　科研中遇到困难是常有的事，比如算法实现不佳、效果不理想等。余田田遇到困难，便认真查找资料，从多个角度去推断自己的方法的科学性，深刻理解算法思想。她发现，只要静下心，以滴水穿石的精神去工作，往往就能越来越明朗，就能逐步找到问题的根源并将问题解决。

2020年7月，张越考取了高理富的博士研究生，也加入了团队。

张越出生在安徽巢湖市的一个文化家庭。父母都有大学文化水平，这让张越从小就受到了很好的教育。高考结束后，他从合肥一六八中学考入安徽大学，在这里读完本科并直接读研，随后又考取中国科大的博士。

小时候，张越就喜欢看关于科学家的书籍。他特别崇仰华罗庚，华罗庚的统筹方法让他受益匪浅。读硕士期间，他的科研方向是水下机械臂的相关控制算法研究和软件设计。加入团队后，他从事水下物理场测量方面的研究。

六维力传感器应用前景广阔，在工业、航空航天、深海等领域都能发挥关键性作用。深海环境不同于陆地环境，也不同于太空环境。深海压力变化大，每下沉100米，压力会增加约1×10^6帕。2023年6月，一艘载有游客的"泰坦尼克号"观光艇在大西洋海域解体，引起全球关注，这也说明海洋环境的复杂。

海水腐蚀与密封的难题，也是团队需要研究和解决的。团队骨干孙玉香带着大家从结构入手，通过调研，查阅资料，最终提出一种膜囊密封自平衡结构。从理论上讲，这种平衡结构可以起到密封防护和压力补偿的双重作用。

然而，将理论付诸实践并不那么容易。膜囊密封材料的类型与厚度、膜囊的密封方式等，都需要一点点地去试验。为了找到合适的材料与厂家，孙玉香联系了不下10家公司。最后，终于有一家公司在材料、工艺和价格等方面均符合项目设计需求。此外,密封固定的问题也很棘手,试验发现,常见的各种抱箍固定都不能实现研制的传感器稳定有效的密封。这可把孙玉香急坏了,她再次一家家联系加工厂。功夫不负有心人,最终她寻找到合适的厂家,团队成员带着弹性体和膜囊,在加工现场一点一点打磨固定环接口,最终使膜囊完美地固定在弹性体上,完成了传感器的密封封装。

完成的那一刻,孙玉香松了口气,望着天空,星星闪烁。孙玉香这才意识到,自己真的有太久没有抬头注视过星星和月亮了。她对王大庆说:"密封封装是传感器在水下可以正常使用的重要保证。"

"是啊,我们离成功又近了一步。"王大庆挥了挥拳头。

"我们期待深海智能机械臂在深海里行动自如，大显身手！"余田田说道。

　　深海智能机械臂是一种集成了多个传感器的模拟人类手臂的机器人，代替人类在深海底部等极端环境中完成特定的任务。之所以说它智能，是因为它具备了多种感知能力，能够综合外界多种信息，自主完成观测、采样、抓取等作业。

　　深海智能机械臂主要由双目立体视觉子模块、六维力传感器子模块、七功能液压机械手臂子模块和智能控制系统等几部分构成。深海智能机械臂在工作时，首先通过双目立体视觉子模块发现、识别目标物，同时可以实时计算目标物的距离、外形轮廓和姿态信息。智能控制系统将根据这些信息，结合任务需求，自主规划运动轨迹，控制七功能液压机械手臂完成作业任务。当需要进行采样、抓取作业时，六维力传感器子模块能够实时反馈机器人与外界接触力的大小和方向信息，智能控制系统会综合视觉、力觉信息控制与外界接触力的大小，以保证机器人、目标物不会因过大的作用力而被损坏。

　　智能机械臂系统是分模块研制的，每个小组负责的模块研制完成后，集成到一起组装。这就要求每个模块在设计之初，就要有良好的沟通，遇到技术难题一起想办法，协调解决，彼此之间紧密配合是必不可少的。

　　拥有共同的目标，大家一起努力奋斗，彼此信任互助。海试之前，他们在三亚的陆地水池中进行了许多次试验。有一次做水池试验的时候,三亚出现了新冠疫情病例,当时全城一下子紧张起来。孙玉香要协调团队成员辗转返程,忙得几天几夜没有合眼,直到大家以不同途径在合肥相聚,她才放心。

2023年悄然而至。海试的日子一天天近了。

出发前,高理富将大家召集在一起。他说:"咱们熬了多少个日夜啊,等的就是这一天!"

"为了共同目标,我们走到了一起!"

"时光不负努力,我们一定会成功!"

一双双手,紧紧握在了一起。

整套设备装在一个深海底移动平台上,用的是同一套供油系统。

不同单位的科研人员为了共同的目标,相聚在同一条科考船上。一上船,大家都形成了一个共识:没有单位,只有岗位!大家在科考船上团结互助,为了共同的目标一起努力!

科考船在巨浪里前行。孙玉香晕船,且心中压力巨大:如果自己团队的项目出问题了,不仅五年的努力白费,还可能影响到别的课题试验顺利进行。他们的设备包含机械、电气、液压、密封等复杂系统。为了保证不出现问题,下海之前,她与王大庆、余田田等人一起,列出了系统要排查和注意的事项,在每次下海之前,都根据列表条目逐一检查设备,以确保设备在海试过程中零故障。

深海项目进行水下目标物的自动抓取时,出现了一个小意外。水下液压机械手爪在设计时,为防止液压系统突发故障,造成手爪在不合适的状况下无法张开(比如抓住无法携带的重物导致回收困难),都会在机械结构上进行处理,令手爪在液压阀关闭时,会因内部油压而缓慢张开。这个设计本身没有问题,却导致在对水下目标物进行自动抓取时,因手爪开合角度未知,造成路径规划后的目标位置产生偏差。

"这个偏差值不确定。"余田田对孙玉香说,"这个看似很小的问题极有可能导致自动抓取的失败。"

"难道设计上出了问题?"张越额上开始沁汗,"要不要在机械设计上进行改造?"

"别紧张!"孙玉香的心也怦怦直跳,但她努力让自己镇定,说道,"我们来仔细寻找一下解决策略。"

经过现场研究,他们发现这个问题从机械设计角度处理并不明智。后来他们发现,手爪的控制指令发送频率可以从上位机软件中进行调节,于是,他们增加了一个保持的功能,可定期、灵活地对手爪发送闭合指令。不同的压力环境手爪都能适应,且手爪在自动抓取的前期始终能够保持固定开合角度,直至自动抓取算法控制手爪完成目标物的抓取。问题迎刃而解。

"太棒了!"他们欢呼着,相互击掌祝贺。

在大海上进行了四五次的试验后,他们最终顺利地完成了各项任务目标。这为深海装备的智能化作业提供了前期探索经验,提升了深海机械手智能化水平,在海洋研究、探测和资源开发方面都具有重要应用价值和研究意义。

这一天,所有人都心情放松,静候海上日出。太阳从海平面上升起,阳光逐渐照亮了整片海面,形成了美丽的光带。

"多美好的时光啊,我们要继续前进,扬帆远航!"孙玉香感叹地说。

此刻,海面上的云彩因为他们的阶段性成功而格外绚丽。

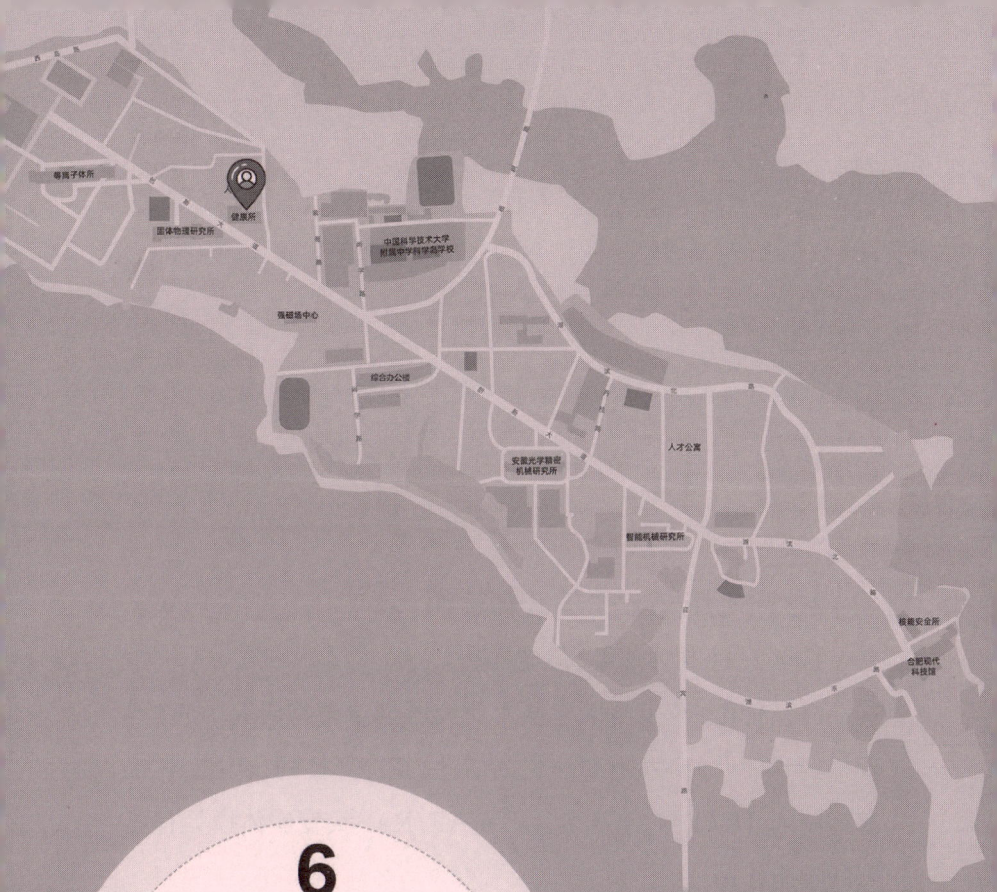

等离子体所

固体物理研究所

健康所

中国科学技术大学
附属中学科学岛学校

强磁场中心

综合办公楼

安徽光学精密
机械研究所

人才公寓

智能机械研究所

核能安全所

合肥现代
科技馆

6

创新药物
研究中心

为"抗癌梦"奋力奔跑

2023年5月,石榴花开,璨如云霞。

科学岛上,树木森森,静谧祥和。

消息传出:健康与医学技术研究所创新药物研究中心(刘青松药学团队)研发出新一代高活性、高选择性的pan-RAF激酶抑制剂IHMT-RAF-128,对于RAF/RAS突变实体瘤具有强烈的抑制作用。

这意味着,许多癌症患者的病痛会减轻,他们有了新的希望。

近几年来,刘青松药学团队围绕"健康中国"的国家战略需求,瞄准创新靶向药物发展的关键核心技术及重大产品,从细胞工程和新药创制两个点切入,从零开始,不断攻关,不断传来令人振奋的好消息。

从海外留学到在科学岛上做科研,刘青松内心感受到的是祖国日新月异的发展,是国家对科技发展的高度重视,对科技人才的热切呼唤与期盼。

他清楚地记得2019年4月30日激动地走进人民大会堂时的情形。

那天，刘青松作为青年科技代表参加了五四运动100周年大会纪念活动，在活动现场聆听了习近平总书记的谆谆教诲。

"一代人有一代人的长征，一代人有一代人的担当。建成社会主义现代化强国，实现中华民族伟大复兴，是一场接力跑。我们有决心为青年跑出一个好成绩，也期待现在的青年一代将来跑出更好的成绩。衷心希望新时代中国青年积极拥抱新时代、奋进新时代，让青春在为祖国、为人民、为民族、为人类的奉献中焕发出更加绚丽的光彩！"这振聋发聩的声音常常在刘青松的耳边回响。

习近平总书记对青年满怀殷切期待。刘青松听得激情满怀，他暗暗下定决心：带领团队刻苦攻关，为"抗癌梦"奋力奔跑，以科技创新为核心动力，为"健康中国"战略的实施做出新的贡献。

"一代人有一代人的长征，一代人有一代人的担当。"刘青松常常默念着这句话，心中满是理想和信念。

他也把这种理想和信念传递给团队的其他成员。

2018年，团队获得了第22届"中国青年五四奖章集体"的称号。

一个梦、一座岛、一群人

2012年，刘青松结束了在哈佛大学医学院博士后研究工作。他选择了回国，这是他的初心。

他来到了科学岛。依托岛上的大科学装置集群，他组建了年轻的科研团队，针对全球抗肿瘤药物研发重点领域和中国高发的恶性肿瘤，展开科技攻关。

2010年底，一个偶然的机会，刘青松参观了岛上的强磁场科学中心。岛上林木茂盛，环境清幽，行人稀少。一幢幢科研楼一字排开，多个大科学装置和重点实验室错落分布，真是个专心搞科研的好地方！

在这里，他遇见了中国科学院合肥物质科学研究院稳态强磁场科学中心负责人匡光力。

交谈中,匡光力感觉到刘青松是一位具有领导力的科技人才,能带动行业发展。围绕未来发展,他们做了深入交流。

"我的理想是在海外学习后回来做研究,报效国家。"刘青松说道。

"科学岛你可以考虑。岛上有化学、材料、物理等很多交叉学科的科研团队和科学装置,但生命科学研究刚刚起步,急需生物医药研究方面的人才。这里有许多设备,包括稳态强磁场在内的各类大科学装置,能为生物医药科研提供强有力的硬件支持。"

这番话让刘青松下定决心,要在岛上干出一番事业。他骨子里喜欢挑战,喜欢创新。

1978年,刘青松出生在青岛,父亲是中学数学教师。他从小爱看书，逮到什么看什么，每本书都会看得津津有味。家中的书很多，这满足了他的阅读需求。读初中时，父亲书架上有一本《奥林匹克数学竞赛试题集》，他觉得有趣，便做起来，虽然没有答案，不知道自己解析得对不对，但做题对他的兴趣培养、思维开发起了潜移默化的作用。在父母眼里，刘青松从小就对世界有着极大的探索欲望。比如，很小的时候，看到折扇，他会问为什么有了电扇还要折扇，看到扇子上画的是山水，他会问为什么不画花鸟。许多问题大人也给不了答案，他便到书中去寻找。在他的成长过程中，父母很少干预，最多就是鼓励他去看书，去自己探索。

1997年，刘青松考取南开大学，学习化学专业。2001年本科毕业后，他前往美国得克萨斯州等地攻读博士学位，主要学习药学领域的知识。博士毕业后，他到哈佛大学医学院做肿瘤学领域的博士后研究工作。

"看起来是跨学科，其实只要数理化基础扎实，就可以根据自己的兴趣去选择研究方向。"现在，刘青松常常告诉自己的研究生，近代科学讲求学科的交叉发展，一定要把基础打扎实，视野要开阔，只有这样才能做出成果。

科学岛以物质科学研究为主，2012年刘青松来到这里时，岛上的生物医学研究领域基础还很薄弱，面临着没人、没钱、没设备，甚至连办公的地方都没有的困境。选择在这里创业、做研究，相当于从零开始。当时的刘青松清楚，眼下的困难都是可以解决的，岛上的领导有视野和魄力，岛上的科研氛围好，这才是最重要的。

领导都很支持生物医药这项"从无到有"的工程，采用因地制宜、边建设、边研究的思路：先利用申请到的国家人才政策经费，对科学岛20世纪70年代修建的红色砖房宿舍进行改造。地方不够，就充分利用空间；实验用房紧缺，就把研究院的行政楼一楼清空，连走廊空间、水房等地方都被改造成了实验室。

人才，这项事业需要人才！刘青松放眼海内外，广纳人才。地方很好，梦想迫切！一群有抱负、有情怀的科技人才很快便走到了一起，一支多学科交叉的年轻队伍就这么组建起来了。

5年多的时间，团队成员60多人，其中20多人都具有海外学习背景，研究方向涵盖分子生物学、生物信息学、结构生物学、高通量筛选、药物化学、药理学、药物动力学、模式动物、细胞生物学等。

在这个团队里，刘青松主要从事以激酶和表观遗传学靶点等为研究对象的抗肿瘤药物研究和相关的肿瘤药物的耐药性机制等转化医学研究。刘静主要从事与癌症等疾病相关的新型小分子靶向药物的研发和相关作用机制研究，发展肿瘤精准靶向治疗新策略。王文超主要通过分子生物学等方法开展高通量抗肿瘤药物筛选体系的构建与应用。任涛主要从事药物高通量筛选,精准用药技术体系(HDGS)的发展及转化的相关研究。除他们外,梁小飞、梁华民、吴宏、王傲莉、齐紫平、王伟、黄志、陈永飞、刘青旺、傅立轶、王黎等团队主要成员,都有着博士、博士后教育背景。

团队成员多了,如何统一思想、聚焦核心战略、凝心聚力谋发展就成了问题。为此,刘青松带领大家确立共同目标,营造出了"尊重科学,敬畏制度,追求效率,关爱生命"的团队文化。

他经常召集大家一起参加学习会,共同交流。

"我们这一群人来自不同的地方,有各自的追求。走到一起是因为什么?"刘青松常常用轻松的语气打开话题,之后,他会以数据说话,勾勒目标,"国家癌症中心最新数据显示,全国每年新增癌症病例约406万,病亡人数约241万。近年来,癌症5年生存率明显提升,但与发达国家仍有较大差距。406万病例,涉及多少家庭,多少人的幸福啊!这就是我们走到一起的大背景,我们要用科技攻关,努力降低癌症病例的数量,减轻这群人的病痛,降低癌症病亡率。"

"路漫漫其修远兮,吾将上下而求索!"

"给我们几年时间,我们一定要拿出让人民满意的答卷。"

…………

大家你一言我一语,信心满满,壮志在心。

"我们每个人都有自己的梦想,但我们团队需要共同的梦想,这就是围绕'健康中国'战略,面向人民生命健康建立起来的'抗癌梦'!"刘青松说道。

"赞成!"

"超级赞成!"

"不断攻坚克难,勇攀科技高峰!"

大家自信满满,将手紧紧握在了一起。

一支团结一心、不畏困难、协作攻坚且充满战斗力的青年团队,越走脚步越坚定。几年下来,他们的研发喜讯不断传出,尤其是在白血病治疗领域。

这一切还得从2013年说起。那一年。刘青松接到一个电话,因为他发表了一篇关于淋巴瘤的学术论文。

接到那个电话后,对方焦急而期待地说:"我们看到您发了一篇文章，是不是治白血病的？我家女儿才10岁，得了白血病……"

遗憾的是，这篇论文并不针对白血病。挂了电话，刘青松沉思了许久。

"我们的科学研究不应仅停留在发表学术论文上，更应该满足群众的健康需求。"望着窗外的湖面，刘青松自言自语道。

之后，他便开始带领团队集中力量攻关，目标就是研发治疗白血病的药物。

劲往一处使，共圆一个梦。负责急性白血病药物合成的科研人员李希祥，在通风橱前站着做实验，常常一站就是一天，经年累月，地板上甚至磨出了两个清晰的脚印。

团队成员王文超刚接到一项构建细胞模型的任务时，信心满满，为了向队友们表决心，他立下了一个看似戏谑的誓言："不把模型做出来就不刮胡子。"

"过去有梅兰芳蓄须明志，今有王文超，好样的！"大家为他点赞。

"假如，我说假如，几个月，甚至几年攻不下，怎么办啊？"有同事调侃他。

"即使白须三千丈，也要将模型拿下来。"王文超说道。

然而，单单是细胞模型的构建过程就出现了许多意想不到的难题。于是，在接下来一年半的时间里，王文超一直在攻关，他也一直不刮胡须。直到模型完成，同事们才又见到了那个熟悉却又因为满脸胡须而有些陌生的王文超。

刘静于2001年南开大学本科毕业后出国深造,在国外获得博士学位,并开始了博士后研究工作。2013年,她与爱人刘青松一起来到科学岛。她在团队的第一个药物化学实验室,坐落在老旧的红瓦房中,冬冷夏热,一到夏天,满是蚊虫。就是在这样的环境中,她带着成员潜心研发新药。搭平台、建体系、促产业……每个节假日,几乎都能看到刘静在实验室忙碌的身影。

肿瘤的发病通常与原癌基因的突变密切相关。原癌基因的表达在正常条件下受到严格控制,它只在激活后的肿瘤发生中起作用,它在癌组织中的表达比相应的正常组织高几倍到几十倍。RAS-RAF-MEK-ERK信号通路的过度活化是肿瘤发生的常见分子特征。大约30%的肿瘤中存在RAS基因突变,例如胰腺癌中RAS突变占95%,结直肠癌中RAS突变占52%,非小细胞肺癌中RAS突变占31%,子宫内膜癌中RAS突变占21%。

RAF(包括ARAF、BRAF、CRAF三个家族成员,目前对BRAF的研究最为火热)是RAS信号通路的关键下游信号蛋白,也是肿瘤突变的热点之一。

研发精准的靶向药物,是许多科研工作者不断攻关的课题。

癌症病种很多,其中许多病种,例如胰腺癌、三阴性乳腺癌、T细胞淋巴瘤等,全球都还没有药效很好的靶向药物。

为了实现对癌症更精准的诊疗，研究团队还将目光瞄准了"肿瘤精准用药技术"。这项技术通俗来说，就是从患者体内取出部分肿瘤组织，在体外培养肿瘤细胞，然后针对这些肿瘤细胞，试用各种临床已有的药物，评估筛选出治疗效果最好的方案。

让癌症药到病除，这不是一朝一夕可以达到的，但只要有了肿瘤精准用药技术，那么未来癌症就有望变成可控慢性病。

理论描述是很好的，实际上每一步前进都极不容易。肿瘤原代细胞在体外遵循"Hayflick limit（海佛烈克极限）"，很难培养和增殖。

这项工作同样要刻苦攻关。从酷暑到严寒，经过长达四年的时间，团队成员针对中国高发的肺癌、乳腺癌、食管癌、胃癌、肠癌和肝癌及白血病等大病种，分别发展出了不同的技术体系，能够在两到三个星期的时间内扩增，获得足够筛选200多个药物的保持原始病理特性的细胞数目。这项技术为建设中国的可再生癌症原代细胞生物银行奠定了基础，也为癌症中晚期患者寻找可能的用药方案提供了技术支撑。目前，这项技术已经为数千位患者进行了精准用药的服务，并取得了良好的效果。

做科研需要的是脚踏实地，是日积月累的实践。转眼间，刘青松药学团队就已经在岛上研发了十来年。

十年，似乎弹指一挥间。

青春力量
追寻科学之光的故事

幸好，指缝间流逝的岁月，已经结出了硕果。

前五年，团队主要针对急性白血病，瞄准FLT3激酶的突变和耐药性开发了系列候选药物。

为解决FLT3激酶抑制剂的耐药问题，团队进一步研发了靶向热休克蛋白HSP70的小分子抑制剂，但这个仍处于科学研究阶段。

CDK9是目前白血病药物研发领域的热门靶点。CDK9小分子药物能迅速降低AML患者中癌症细胞的比例，从而为患者的骨髓移植创造机会。目前，团队研发的CDK9抑制剂也已进入产业化开发阶段，离临床试验已经不远。

激酶是生物化学术语中的一个专有名词，是生物化学里的一类分子，是从高能供体分子（如ATP）转移磷酸基团到特定靶分子（底物）的酶，这个转移过程就是磷酸化。最大的激酶族群是蛋白激酶。"激酶"的"激"，本意是使底物分子"激动"。

激酶靶向药物研发中最重要的一个步骤是针对药物进行"在靶效应"的检测及"脱靶效应"的特异性检测。

以激酶蛋白为基础的传统生化检测方法，成本高，不适于大规模、高通量的使用。激酶依赖的BaF3工程细胞可以很好地解决这一问题。但在2012年前后，只有美国和日本的两家公司能够提供这类检测服务。

"送到国外检测，价格高，周期长。"刘青松对团队成员说道，"因此我们自己要开发这项技术。"

"这不是一两年的事。"有同事不无担心地说。

"是啊，我很清楚困难所在，但这个问题不解决，我们的科研就受到很大限制，步子永远迈不开。"刘青松坚定地说道。

最终，他们用了5年时间构建癌症激酶细胞库，在2017年赶超美国和日本的公司，建成了世界上规模最大的激酶依赖的BaF3工程细胞库。这个细胞库涵盖了绝大多数在临床肿瘤患者身上发现的与临床治疗、耐药性和预后相关的突变，细胞已经有300余种。他们的研究填补了国内新药创制领域此类检测体系的空白，目前已经为全国200多家单位提供检测服务，有力地支撑了国内靶向新药的产业发展。

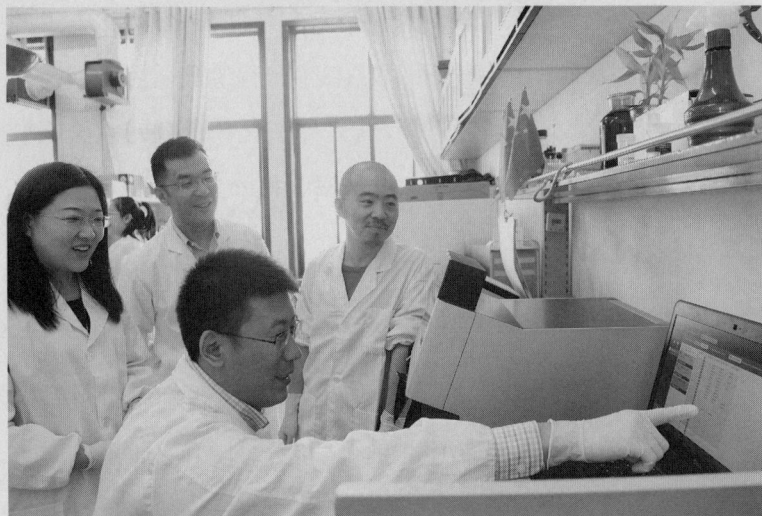

这项技术体系获得"2017年中国科学院科技成果转移转化的亮点工作"的殊荣。

步子迈开了，行走起来就更铿锵有力了。

后五年，团队拓宽了适应证，围绕关键激酶开发了系列候选药物。

EZH2是表观遗传学的关键激酶，也是近年来药物开发的热门靶点，团队瞄准EZH2开发了高活性、高选择性小分子抑制剂TR115，有望成为治疗非霍奇金淋巴瘤、卵巢癌等的新一代靶向治疗药物。

团队研发的TR64为c-KIT和CSF1R双靶点激酶抑制剂，通过直接抑制肿瘤生长和调控肿瘤微环境的双重作用，有望成为治疗结直肠癌、肝癌、乳腺癌等的新一代靶向治疗药物。

TR128是新一代针对RAF/RAS蛋白突变的小分子抑制剂，有望成为治疗结直肠癌、胰腺癌、非小细胞肺癌等的新一代靶向药物。

此外，团队针对糖尿病开发了一种新型MST1小分子激酶抑制剂，针对肺动脉高压开发了一种PI3Kδ的激酶抑制剂，目前均已实现专利转化，不久将会走向临床。

下一个十年，团队将把"文献—靶点—适应证—临床"的从基础研究出发的科研思路，转变成"临床需求—适应证—靶点验证—药物开发"的从临床问题出发的产学研相结合的研发思路，为中国老百姓研发抗癌新药。

齐紫平

为研制新药，时不我待

在刘青松的药学团队里，齐紫平是国内成长起来的博士。

某年大年三十一大早，齐紫平照常来到自己的实验室。

虽然听不到鞭炮声，但悬挂的红灯笼和春联还是营造了过年的喜庆氛围。

"青春有限志在奉献福泽人类，勿问索取但求耕耘人间留名"，这是大门上新贴的春联。如果从《楹联通则》的角度来说，对联说不上工整，但却概括了这些年轻科学家的工作与志向。

齐紫平看了看横批，写的是"鼠类英雄"。他不禁笑了，换上大白褂，他打开"鼠房"的灯。

灯光一亮，实验架上的几笼小鼠一下活跃起来，有的窸窸窣窣吃鼠粮，有的立起身来，瞪着圆溜溜的眼睛，好奇地张望。

"朋友们,过年喽!"齐紫平情不自禁地跟这些朝夕相处的小鼠打着招呼。

观察整体状态后,齐紫平把小鼠一只只捧起来喂药、称重,再用游标卡尺测量小鼠身上的肿瘤大小。

"肿瘤变小了,这说明我们的新药有效果了!"齐紫平内心高兴,禁不住自言自语。

走出实验室,齐紫平来到蜀山湖畔。

对岸平时络绎不绝的车辆明显减少了。一年一度的春节,许多人都回老家过年去了。

齐紫平眼望着南方。几百千米外的江西婺源县赋春镇,是他的故乡。

他在那里上完小学、中学。

因为忙于研究,他有好几年没回老家了。他打开手机与家人通话。视频里,父亲显得老了很多。

"老爸,你身体还好吧?"齐紫平问道。

"好得很,你放心工作。过年了,也不要太累,弄点好吃的。"父亲在电话那头说道。母亲接过电话,千叮咛万嘱咐,告诉儿子不要担心家里,安心工作。

齐紫平的眼睛有些湿润,越过千山万水,他的思绪回到了美丽的赋春镇。

赋春镇地处婺源县西部,毗邻景德镇浮梁县,境内多山和丘陵,油山主峰海拔909米,风景秀丽,为赋春镇最高点。

小时候，齐紫平就对数字感兴趣。爸爸妈妈问些简单的加减算式，他很快就能算出来。1990年，齐紫平该上小学了。山区条件差，没有小学，只有一所村办学校，聘请了一位老师进行复式教学。一年级学生听课时，二、三年级学生就做作业；二年级学生听课时，其他年级的学生就做作业。

齐紫平的作业总是很快就做好了，于是，他选择偷偷听其他年级的课。听着听着，他便学会了。

时间过得很快，几年后，复式教学课程结束了。念到四年级，学生必须翻山到另一个行政村去上学。那里有所正式的小学。

因为路途遥远，每天5点齐紫平就得起床，赶到学校去上早读课。放学后，他再一步步赶回家。冬天，昼短夜长，到家时天早都黑透了。因此，冬日里上学，早晚他都是在黑暗里摸行。

最困难的是遇到风雪天气，行走在山路上，一不小心就会滑倒。春夏季节，即使不下雨，野草上也都是露水，齐紫平行走在草地上，到学校时，鞋和袜子常常都湿透了。

村子里一起上学的小伙伴因为吃不了这个苦，纷纷选择逃离。那时候，山区贫苦，人们的义务教育意识普遍很薄弱。因此，许多孩子就这样选择了辍学务农或外出做学徒。

齐紫平喜欢读书，他成绩优秀，几乎每次考试数学都是第一名。老师们很喜欢他，总给他讲数学家华罗庚、陈景润的故事。

小时候，华罗庚就爱思考，因思考问题过于专心，常被同伴们戏称为"罗呆子"。老师王维克却发现了他的数学才能，尽力培养他。可是，因为家里经济困难，拿不出学费，他被迫中途退学，帮助父亲料理杂货铺。但是他凭着兴趣，用5年时间自学完了高中和大学低年级的全部数学课程。

1930年春，华罗庚在上海《科学》杂志上发表的《苏家驹之代数的五次方程式解法不能成立之理由》轰动数学界，引起清华大学数学系主任熊庆来的注意，他打破常规，让华罗庚进入清华大学。此后，华罗庚成果不断，最终成为世界级数学家，被列为芝加哥科学技术博物馆当今世界88位数学伟人之一。

陈景润于1933年出生于福州一个贫苦的家庭，母亲生下他就没有奶汁，靠向邻居借米熬汤将他养活。让人没想到的是，小时营养不良的陈景润却聪明好学，年龄很小时便考入厦门大学数理系。

陈景润痴爱数学。不管是酷暑还是严冬，他都待在不足6平方米的斗室里，潜心钻研。他的研究得到华罗庚的重视，华罗庚把他调入中国科学院数学研究所。1966年，他发表《表达偶数为一个素数及一个不超过两个素数的乘积之和》（简称"1+2"），成为哥德巴赫猜想研究上的里程碑。

华罗庚和陈景润都出生在贫困家庭，但他们都凭着对数学的热爱，不断进取，取得了让世界数学界惊叹的成绩，这是多么了不起啊！他们的故事大大激发了齐紫平的学习兴趣，他在心中暗暗告诉自己：努力学习，做一个数学家！

1996年，齐紫平以优异成绩考取了家乡的甲路中学，上中学后，他接触的课外书籍多了，也了解了钱学森、袁隆平等更多的科学家，他学习的劲头更大了。

时光飞逝。1999年，齐紫平考取了他们那里让许多学生向往的天佑中学。

天佑中学历史悠久，是省优秀重点中学。学校的前身是创办于1924年以朱熹的号命名的"紫阳初级中学"；1938年改名为"婺源县立中学"；1958年易名为"婺源中学"；1993年，为纪念祖籍婺源的杰出科学家詹天佑，经省政府批准定名为"天佑中学"。

开学典礼上，校长向同学们介绍詹天佑："詹天佑12岁留学美国，1878年考入耶鲁大学土木工程系，主修铁路工程。他是中国近代铁路工程专家，主持修建中国自主设计并建造的第一条铁路——京张铁路，创设'竖井开凿法'和'人'字形线路，震惊中外，有'中国铁路之父''中国近代工程之父'之称。大家一进校门，就能看到詹天佑先生的塑像，希望你们以詹天佑这样的科学家为榜样，时刻激励自己，求知报国、勇攀科学高峰！"

"永攀科学高峰！"这话如同一股暖流，在齐紫平的心中激起了奋进的力量！

高考时，齐紫平内心想在数学领域不断进取。因为填报志愿出了点意外，他没有进入心仪的高校，最终被青岛大学生物技术专业录取。

收到录取通知书的那一刻，齐紫平内心还有些失落："心爱的数学啊，就这样和我失之交臂了吗？"

后来，齐紫平了解到，学习生物技术也需要具备很强的数理化基础，通过接受严格的科学思维、专业理论和专业技能的训练后，才能在生物技术产业及其相关领域从事科学研究。他想通了，觉得只要努力达到一定高度，在任何一个领域都能有所作为。

齐紫平的父母文化程度不高，在老家务农，他还有个弟弟在读书，因而，家里经济困难。齐紫平非常清楚父母的不容易，所以他生活很节约，可即便这样，也丝毫没影响他的学习劲头。

"不教一刻闲过，才不负父母辛劳。"课余时间，他总是待在阅览室里，查阅各种书籍。

从进入大学开始，齐紫平就决定考研。他早就选定了中国科大，决定到这所学校深造，进行硕博连读。

2006年考研成绩公布后，齐紫平格外高兴，因为他终于可以走进梦想中的中国科大了。

中国科大坐落在合肥，这是一座美丽的城市，绿树掩映着建筑，碧水润泽着大地。齐紫平带着自信而美好的心情来到金寨路，走进中国科大，想与导师们聊一聊自己的想法。

在人生选择的关键路口，他在思考自己的研究方向。选择什么路，他也不清楚。但有一点他很清楚：一定要选择可以为国家服务的有实用前景的路。

他决定拜见田志刚教授，跻身他的门下。

在生物学界，田志刚是一个响亮的名字。他1956年出生，山东莱州人，是著名的免疫学家。2001年，田志刚获国家杰出青年科学基金资助，任中国科大免疫学研究所所长。2006年，田志刚正担任中国科大生命科学学院院长。此后的2014年，田志刚任中国科学院天然免疫与慢性疾病重点实验室主任。2017年，他当选中国工程院院士。2022年，他当选欧洲人文和自然科学院院士。

不巧的是，齐紫平准备拜访导师时，田志刚刚好外出讲学。

然而，无心插柳，齐紫平遇到了在免疫所工作的魏海明教授，一位德才兼备的学者。

与魏海明一番交谈后，齐紫平对自己的研究方向有了清晰定位。他决定师从田志刚教授，攻读细胞生物学，力争在免疫学领域取得成就，报效国家。

中国科大有着优良的学风。齐紫平在这里学习，感觉非常充实。除了田志刚，魏海明、孙汭等导师也都给了他许多关怀。时间在春去秋来中流逝，他的知识在不断增长，视野在不断扩展。

2012年对齐紫平来说是生命中十分重要的一年。这一年，他在中国科大生命学院做博士后，认识了同样在这里做博士后的姑娘亓爽。

亓爽出生在安徽阜阳,从小勤奋好学。2002年,齐紫平参加高考这一年,亓爽也走进了考场。

高考成绩揭晓。亓爽成绩在安徽省名列前茅,被南京大学化学系录取。

2006年,亓爽去香港大学进行硕博连读。香港大学的教学和科研非常灵活,充分尊重学生的主观能动性。亓爽经过一番思考后,改学生物化学专业。

2011年8月,亓爽来到中国科大生命学院做博士后研究。就这样,她与齐紫平相识了,而且彼此很欣赏对方的朴实、聪明与勤奋。

有科研作纽带,他们走到了一起,并最终结为人生伴侣。

2014年5月,亓爽来到科学岛,成为刘青松药学团队的一员。

几个月后,齐紫平也来到了科学岛,与妻子一起并肩作战。

为了药物研制,刘青松药学团队组建了七八个人的动物实验组。齐紫平挑起了重任,一年365天,除了偶尔出差,其他时间他天天泡在实验室里,细致耐心地做着各种实验。

团队任务覆盖药物合成、药效检测、药物安全、成果转化等药物研发全链条工作。齐紫平主要负责药物安全和药效评价。

简单来说,团队每研制出一种有潜在应用价值的新药,都不会立即应用于临床,这中间还要经历许多环节。其中一个重要环节就是进行药物安全和药效评价,具体来说,就是通过小鼠来测试药物效果和毒副作用，也就是说，先在小鼠身上模拟人的肿瘤发病过程，然后来评价候选药物的治疗效果。

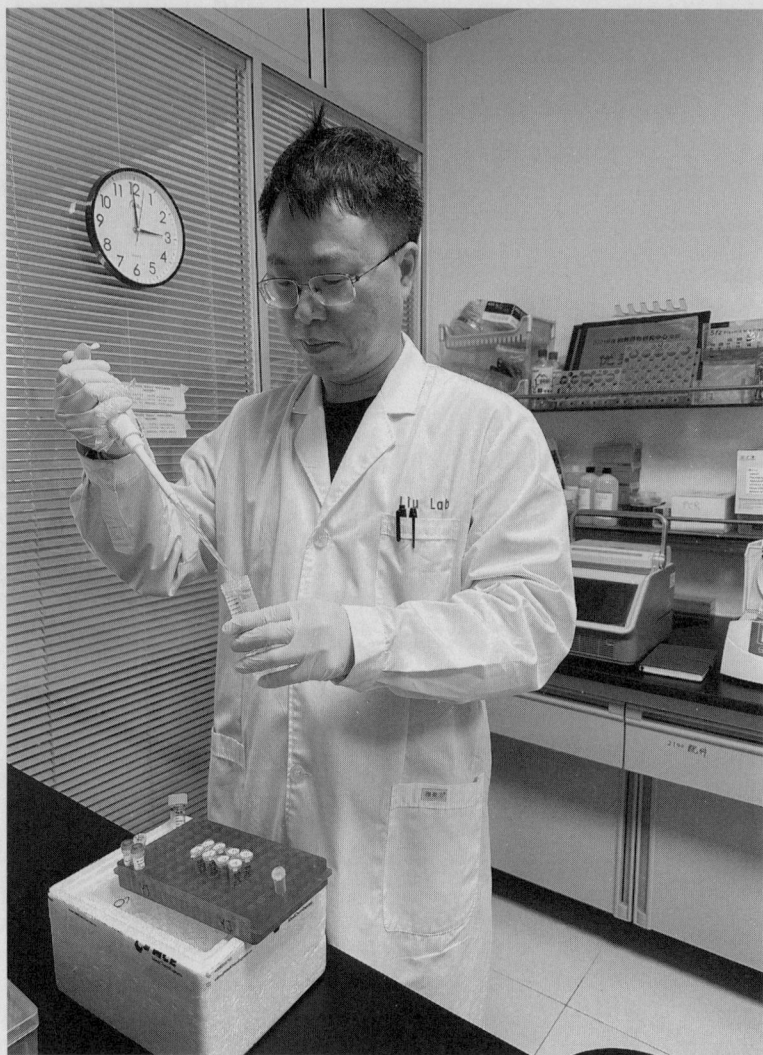

青春力量
追寻科学之光的故事

如果小鼠服用"新药"后抗癌效果不好，或出现消瘦、拉稀、精神萎靡等症状，这就意味着人类如服用，也可能有类似反应，团队就需要进一步研究并调整"药方"。

齐紫平常常面临如何围绕疾病做动物模型构建的难题。这是通过人为干涉，使动物在一定的致病因素（物理的、化学的、生物的）作用下发生病变，通过这种手段来研究动物疾病的发生、发展规律，为研究动物疾病的预防、治疗提供模型工具。

有些动物模型是成熟的，比如制备胃癌动物模型的方法。一般用甲基胆蒽（MC）诱发，即对小鼠进行手术埋线，将浓度为 $0.05\% \sim 0.1\%$ 的 MC 渗入，$4 \sim 8$ 个月可成功诱发胃癌，然后进行科学观察与研究。

但是疾病类型很多，选取何种模型、哪种造模方式、给药剂量的选择、药物溶媒的选取、观测指标的测定、实验结果的讨论、下一步实验的改进等，都是很不容易的。

刘青松来到实验室，了解试验情况后，感叹道："在人体内，我们不想让肿瘤细胞生长，它却一直在疯长；在体外培养时，我们想让它长，它反而不长了。同样，动物模型的构建也不是一件简单的事。"

"是啊，我们面临着关键技术难点，需要一一去克服，但我们有信心。"齐紫平说道。

每当齐紫平为之困惑时，妻子亓爽都会参与进来，与他一起探讨。

偶尔，他们出去散步。街灯下，他们谈论的还是构建动物模型的方法。有时候，谈着谈着，齐紫平会豁然开朗。两人就像孩子一样，开心地三步并作两步，急忙回家。孩子已经入睡，亓爽轻吻着孩子的脸庞，随丈夫进入书房，夫妻俩在纸上把刚刚讨论的实验演示起来。

几年来，齐紫平带领动物实验小组的成员，从零开始，经过不断钻研和技术创新，已经成功建立了药效检测及毒理评价平台，确保了团队研制的抗癌药物的安全性。这是新药研制流程中的重要一环。

早晨8点来给鼠房开灯，晚上8点关灯，10点多回家，几乎天天如此。这是齐紫平的工作节拍。

朝夕相处，他和小鼠之间的关系变得像搭档、朋友。有时出差两天，他心里还牵挂着小鼠，忍不住打电话给同事邹凤鸣，问道："小鼠的肿瘤可小些？"

邹凤鸣的老家在山东，因为工作忙，直到孩子两岁多她才第一次将孩子带回老家给父母看。父母想念外孙，过年时，她把父母都接来合肥。这样，她白天在实验室工作，晚上可以全家团聚。她感到很幸福。

"小了，放心吧。"邹凤鸣回答，"它情绪好多了。"

"拉稀的那一只呢。"

"今天也好多了。"

"那就好，很为难它们，它们代人生病。"电话中，齐紫平说道。

"小鼠的牺牲是为了拯救更多的生命。"邹凤鸣安慰道,"我们好好照顾它们。"

实验中,他们严格遵守动物实验伦理学,始终给小动物提供合适的饮食、温度、湿度、光照、作息安排,避免其遭受不必要的痛苦,尽量让它们愉快地度过一生。

"人们为什么谈癌色变,是因为癌症之痛影响着千万个家庭,我们的工作关系到许多人的健康和家庭幸福。"同事邹凤鸣有一次感慨地对齐紫平说道。

"是啊,我去医院接触过很多癌症患者,有的小孩前段时间还好好的,过段时间就看不到了,一打听,已经走了,白血病夺走了他们鲜活的生命。"齐紫平感叹,"他们的父母内心该有多么痛苦啊!我们做的是救命的事,只争朝夕啊!"

"时间,我们需要与时间赛跑!"邹凤鸣说,"好多患者打电话,询问新药什么时候出来,每每这时,我心中就有紧迫感,我知道有些患者是等不及的。"

"人坚持做一件事,靠的是一口'气'。我们的这口'气',就是早点把'救命药'做出来。"齐紫平说。

他所说的一口'气',就是一分决心,一个信念。

这个与时间赛跑的过程中,他们为每一点进展而欣喜,也常因科研的停滞而焦虑。

正是因为有着时不我待的意识,他们才感觉时间总是流逝得很快,不知不觉中,一年又一年就这样过去了。

过去几年间,针对肺癌、肠癌、乳腺癌等疾病,刘青松药学团队自主研发出20多种有潜力的抗癌新药。

齐紫平清晰地记得,2016年底,为了研制出一种治疗白血病的新药,他几个月夜以继日地工作,不知疲倦。

在急性髓性白血病中,约25%的患者携带FLT3-ITD突变。这种突变会导致FLT3激酶活化,进而导致白血病细胞的异常增殖。因此,使用FLT3激酶抑制剂能够较好地抑制肿瘤。

可问题是,FLT3激酶抑制剂的长期使用会导致FLT3基因发生耐药突变,进而对FLT3抑制剂产生耐药性。因此,针对FLT3-ITD突变开发AML治疗的新型策略具备较强的临床意义。

他们在科研中发现,化合物QL47对于FLT3-ITD突变的AML细胞系有较强的抗增殖活性,并且能够降解FLT3-ITD蛋白。在进一步研究中,团队发现,QL47不可逆结合热休克蛋白HSP70,抑制了HSP70辅助蛋白折叠的功能,进而导致FLT3-ITD的降解,抑制FLT3信号通路的活化。

他们研究还发现,HSP70的诱导表达亚型,相较于持续表达亚型对于FLT3-ITD阳性AML细胞增殖发挥了更重要的促进作用,抑制诱导表达型HSP70能够有效抑制AML细胞增殖。

团队研发出好几个具有自主知识产权的高选择性高活性

FLT3激酶小分子抑制剂,但具体选择哪一个往前推进呢？大家感觉很难回答。

要充分比较候选化合物的优劣势,就需要大量临床前动物模型的数据积累。

关键时刻,齐紫平主动承担起这个项目。当时,国内外同行的竞争相当激烈,必须尽快确定最终化合物。

他每天往返于科学岛、中国科大,以及合作的合源药业三处实验动物中心。来回100多千米,他经常是半夜才回家。

齐紫平心里憋着一股劲,他希望尽快完成任务。即便是大年三十和大年初一,他也依旧坚守岗位,依然早出晚归。

本来团队成员说好的,阳春三月去他老家婺源看油菜花。结果,窗外的花什么时候开的,草什么时候绿的,他都毫不知晓。

功夫不负有心人。最终,根据实验数据,团队及时选定了HYML-122,临床前数据表现出了良好的抗肿瘤活性和安全窗口。

2018年6月,HYML-122顺利获得国家药品监督管理局临床试验批复,2019年1月正式开启临床Ⅰ期试验,2020年底顺利完成Ⅰ期试验,并于2021年4月正式启动临床Ⅱ期试验。

这为许多患者带来了希望。

几年来,齐紫平已发表SCI论文30多篇,总影响因子超过300,先后辅助开发了针对急性髓系白血病、淋巴瘤、胃肠间质瘤、糖尿病等多种疾病的近20种候选新药,参与申请中国专利16项,PCT申请13项,申请美国和欧洲专利3项,向企业转移转化药物专利8项,其中4个抗肿瘤新药顺利获得中国药品监督管理局批准进入临床试验。

又是一年春节。实验室的门上换了春联。上联:拧成绳搏尽全力。下联:狠下心共圆药梦。横批:新药创制。

"新药创制,时不我待!"齐紫平对妻子亓爽说道。

一个傍晚,难得闲暇,他们在湖畔漫步。

"对未来有怎样的规划?"亓爽仰着头问丈夫。

"作为国家战略科技力量主力军一员,我会始终不忘初心,以积极饱满的工作热情、艰苦奋斗的科研作风,扎根在一线工作中,从临床实际需求出发,做出自己的贡献。"

"'真的做研究,做真的研究'对吗?"亓爽笑着问。

"那是必须的。"

"优秀!"亓爽给丈夫点赞,感觉快乐而幸福。

"希望经过努力,我们中心最终可以成为我国创新药物研发的重要组成部分、培育中心和引领中心,在中国创新药物研究领域发挥骨干和示范作用。"

"是啊,这是社会的需要、大众健康的需要。"亓爽说道。

在为老百姓研制新药的路上,齐紫平的步伐始终迈得坚定而自信。

尊篇子住所

人才公寓
健康所

固体物理研究所

中国科学技术大学
附属中学科技高级学校

强磁场中心

综合办公楼

安徽光学精密
机械研究所

人才公寓

智能机械研究所

核能安全所

合肥现代
科技馆

7

丁锐

努力点亮"核聚变发电的
第一盏灯"

2021年12月30日夜晚，一则重大消息迅速传遍世界：位于安徽合肥的科学岛上，被称为"人造小太阳"的全超导托卡马克核聚变实验装置实现了1056秒的长脉冲高参数等离子体运行——这是当时世界上托卡马克装置高温等离子体运行的最长时间。

2023年4月12日21时，第122254次实验！EAST创造新的世界纪录，成功实现稳态高约束模式等离子体运行403秒，实验现场一片欢腾。

这个纪录对探索未来的聚变堆前沿物理问题，提升核聚变能源经济性、可行性，加快实现聚变发电具有重要意义。

EAST自成功建造运行以来，一直在向其科学目标发起冲击，在第一壁材料、关键加热系统、主要系统部件等方面不断实施一系列重大升级举措。

"等离子体1亿℃电子温度""1.2亿℃电子温度101秒等离

子体运行""1056秒长脉冲高参数等离子体运行"……这是EAST先后创造的世界纪录，一个个振奋人心的数据背后是中国科学院合肥物质科学研究院等离子体所EAST团队无数个日夜的辛勤付出和潜心钻研。

丁锐就是EAST大科学装置团队中的一员。

丁锐

博士生邂逅"人造小太阳"

2014年，丁锐来到总部位于美国加利福尼亚州圣地亚哥的通用原子研究所。这里有先进的科研平台，有一批高水平的科技工作者，在彼此的交流与切磋中，丁锐感觉自己进步很大。

然而，夜深人静的时候，他格外思念祖国和亲人。

2017年，丁锐坐在沙滩上，望着蔚蓝的大海，他思潮翻涌。大西洋的彼岸，是自己的祖国。

夜幕降临，他能听到浪花拍打沙滩有力而清脆的声音。丁锐告诉自己：是时候回去报效祖国了！

飞机在云霄飞翔，丁锐的内心格外兴奋。科学岛上随风飘舞的一草一木都在他脑中。

熟悉的蜀山湖、熟悉的科学岛。

164

4层楼高、直径8米、重400吨的全超导托卡马克核聚变实验装置（EAST）矗立在那里，安静而庄严。

丁锐深情地凝望着，久久没有离开。

"为什么回来呢？"同事钱金平问他。

作为每次实验的总控，钱金平要确保每个系统正常工作。他在内心深信"人造太阳"潜能无限，并且相信，有一天，聚变研究的衍生和伴随技术会改变我们的生活。

"在国外做研究，没有归属感，总感觉自己付出与努力的成果是别人的。"丁锐说，"我发现自己还是离不开祖国，离不开科学岛。"

这些年，丁锐科研的方向主要是磁约束聚变等离子体与材料相互作用。

读本科时，丁锐随班上同学参观了科学岛，当时就对核聚变研究充满兴趣，长时间的关注和研究之后，对它的发展了如指掌。

氘、氚进行核聚变反应会释放巨大的能量。在这个过程中，如果不控制其速度，就可以制造出氢弹之类的武器。如果能让核聚变可控，那么就能获得一种源源不断的能源。

1952年11月，美国成功引爆了世界上第一枚氢弹。1953年8月，苏联第一枚氢弹试验成功。

氢弹研究出来之后，苏联和美、英等国都开始了可控核聚变的开发工作。20世纪50年代，苏联库尔恰托夫研究所研制出环形磁约束容器，并把这种核聚变试验装置命名为托卡马克（tokamak），人们通常称之为"人造小太阳"。

根据现在的科学观察，科学家判断，太阳表面温度约5500℃，核心星核处最高温度近1500万℃。托卡马克目标为1亿℃以上，比太阳的温度还要高。

紧随苏联等国，中国的一些科学家也开始从事这方面的探索与研究。1978年9月，在"合肥受控热核反应研究实验站"的基础上，中国科学院等离子体所成立了，该所以为人类探索、开发无限而清洁的新能源，解决能源问题为最终目的，主要从事高温等离子体物理、磁约束核聚变工程技术及相关高技术研究和开发。

我们都知道，物质由分子构成，分子由原子构成，原子由带正电的原子核和围绕它的带负电的电子构成。若温度足够高，或出于其他原因，外层电子会摆脱原子核的束缚成为自由电子，出现"电离"过程。这时，物质就变成了由带正电的原子核和带负电的电子组成的一团均匀的"糨糊"，因此人们形象地称它为"离子浆"。这些离子浆中正负电荷总量相等，因此它是近似电中性的，所以最终有了"等离子体"这个名字。科学家普遍认为，等离子体是不同于固、液、气态的物质存在的第四态。

在宇宙中，等离子体是物质存在的主要形式，宇宙中的等离子体占宇宙中物质总量的99％以上，如恒星（包括太阳）、星际物质及地球周围的电离层等，都是等离子体。等离子体物理的发展为材料、能源、信息、环境空间、空间物理、地球物理等学科的进一步发展提供了新的视野。

科学岛上等离子体所成立后，一批科学家不懈努力，制造了许多实验设备。但受当时经济条件所限，他们没有完成重大科学装置的制备。

20世纪90年代初，俄罗斯决定将T-7型半超导托卡马克装置赠送给其他国家，他们自己做一个更大的科学装置。

时任中国科学院等离子体所所长的霍裕平等人得知情况后，联系俄方："送给我们吧。"

从1992年开始，他们用了两年时间，先后共动用46节火车车厢，才从俄罗斯运来庞大的设备，T-7型半超导托卡马克装置这才来到位于安徽合肥的科学岛。

霍裕平1937年出生于北京，1959年毕业于北京大学物理系。1983年，他担任中国科学院等离子体所所长，主要从事理论物理的研究工作，研究内容涉及凝聚态物理、光学和光信息处理、非平衡态统计理论、高温等离子体物理和受控热核聚变。

看到T-7型半超导托卡马克装置，他很激动，对身边的同事说："我们有了这个基础，就可以实现从跟跑到领跑的发展，同志们要有这个决心。"

当时，世界范围内比较著名的托卡马克有美国的TFTR、欧盟的JET、日本的JT60和苏联的T-15，这四大装置有"四大金刚"之威名。

三年半后，我国的科研人员组装出了自己的半超导托克马克装置——合肥超环HT-7。设备运行一段时间后，科研人员有了经验。他们大胆提出了设想：做一个更先进的全超导偏滤器托克马克装置。

全超导？当时，世界上还没有任何一个国家研制出全超导装置。这需要一步步去探索，但科学需要的就是探索精神。我国科研人员历时十年，自主设计建造的世界上第一台全超导非圆截面核聚变实验装置——东方超环（EAST）终于展现在世人面前。

2006年9月，东方超环建成放电。同年10月，第二十一届世界聚变能大会在成都召开，时任中国科学院等离子体所所长的万元熙院士向大会宣布了东方超环的建设成果。顿时，全场600多位国际聚变界专家学者全体起立，为中国东方超环的建成鼓掌表示祝贺。在科学家眼里，这一科技探索成就不仅是中国的，也是世界的。

这一年，丁锐正式开始攻读中国科学院博士学位，并与科学岛、与东方超环（EAST）结缘。

读大学时，丁锐就无限向往科学岛，觉得这里会聚了许多顶尖的科技人才，是一块神奇的土地。他梦想着自己也能踏上这块神奇的土地，也能成为众多顶尖人才中的一员。

他在努力中一步步接近梦想，将其一步步实现。

江畔长大的少年

丁锐出生在长江边的古城无为。父亲丁绍琪也出生在无为县城,曾经是教师,后来在三汊河等乡镇做了公务员,母亲季丽琴曾经是小学教师。因为丁绍琪工作经常调动,季丽琴也跟着变动工作,后由教师改为会计。

母亲聪明,干一行,爱一行,也精通一行。她教小学时,刚满5岁的丁锐就跟着入学读书了。班上丁锐年龄最小。他聪明,但爱玩,好在有父母的严格要求,读书时他成绩一直很优秀。那时候,乡下学校条件非常差,丁绍琪便送丁锐去县城奶奶家,让他在县城读小学。丁绍琪有一次回城,发现在县城读书的儿子成绩居然下降了。原来,奶奶身体不好,没精力去管教丁锐,年幼贪玩的他因为突然没人管教,成绩就受了影响。

就这样，丁绍琪又把丁锐转到自己工作的汤沟镇，让他继续在乡下读小学。

乡下的天地是广阔的。在那里，丁锐有一些要好的同学。他们一起玩耍，一起认识各种植物和动物。自己家里没有农活可干，丁锐常常去同学家帮忙干农活，这让他体会到了那个年代农村生活的艰辛。

有了父母的督促，丁锐成绩再一次一路领先。初中毕业，他考取了安徽省示范高中无为中学，当时全镇只有他一个被这所学校录取。

丁锐发现，无为中学的同学大多数是从县城的学校考上来的，他们基础扎实，兴趣广泛，他一度感到自卑。不久，班上成立足球队，一批有足球基础的同学入选了。丁锐在乡下读书，根本就没有碰过足球，因此，他只好做球场的看客。好在班上的同学都很友好，并没有看不起他，还经常鼓励他一起踢，经过一段时间的训练，丁锐也加入了班上的足球队，和城里的孩子一样，会踢足球了。

丁锐又开始了跟奶奶一起的生活。奶奶这时年龄更大了，更谈不上对丁锐管教。但这时，父亲丁绍琪调到了离县城很近的一个乡镇工作。母亲季丽琴还没调过来，因此，父亲既要照顾丁锐生活，又要照顾生病的老母亲。父亲丁绍琪每天一早就起床，准备好一切后，再骑着自行车去上班，晚上一般很晚才能赶到家。一段时间下来，父亲晒黑了，也瘦了。丁锐看到父亲这样的变化，很心疼，也很感动，他觉得只有努力读书才对得起父母的付出。逐渐地，丁锐对于在重点中学读书，由不适应到适应，成绩逐步上升，最后成功跻身全校成绩优异的学生行列。

1999年，丁锐参加高考。由于考试当天高烧，高考成绩并不理想。当收到安徽大学物理系录取通知书的时候，因为和理想不同，丁锐的内心是有些失落的。

"我想复读一年，想考取中国科大。"丁锐对父母说道，"我有信心。"

丁绍琪与季丽琴商量了几天，最后告诉儿子："安徽大学也很不错，只要有志向，以后还有机会到中国科大继续深造。"丁锐听从了父母的建议，走进了安徽大学，开始了应用物理学科的学习。

在班级里，丁锐比其他同学小两三岁。中学时期，学习有父母和老师督促。大学学习主要靠自觉，学生要有自主学习的能力。有一段时间，丁锐不适应这种学习方式，离开往日的督促，他好像一只突然飞出笼子的鸟，一时间对于无限多的自由感到茫然。因此，他做什么都跟随同一寝室的室友，室友们干什么，他便干什么。

开学一段时间后，各个寝室的特色便显现出来了。有的寝室的同学埋头学习，有的寝室的同学则更热衷于文体活动。丁锐所在的寝室被大家戏称为"最爱玩"的寝室。有一段时间，整个寝室的同学都疯狂踢足球，双休、每天傍晚操场上都有他们踢足球的身影。有一段时间，全寝室则疯狂地上网打游戏。过了"游戏瘾"后，年龄稍大的室友都很自然地从游戏中走出，继续学业。可丁锐还是沉溺其中，没有室友陪同，他就独自去校外的网吧玩。在玄幻的游戏世界里，他有些迷失自我，迷失方向。

大三开学不久是丁锐的生日。这天，寝室长陪丁锐过生日，他语重心长地对丁锐说："兄弟，我们都比你大，听我一句劝，不要再玩游戏了，你很聪明，是做科研的料，不要因为一时贪玩浪费了宝贵的青春时光、宝贵的大学时光。"

生日那天天气微凉，夜色很美。寝室长陪丁锐在校园里一边走，一边不断为他描述毕业后的前景。

"古人不见今时月，今月曾经照古人。"看着天上的月亮，寝室长有些感慨，"我们应该努力，做些成就，让这明月记住我们，记住我们曾经在这里奋斗过。"

"让明月记住我们！"丁锐很动容，他突然梦醒了。

第二天起，丁锐就在寝室长的督促下，去了图书馆看书，和寝室长一起讨论学习上的问题。忙起来之后，丁锐也就慢慢忘记了游戏，慢慢感受到了学习和科研的乐趣，他觉得只有在科技世界里才有真正的探索，这样的探索才有意义。

果然如寝室长所料，丁锐很聪明，一旦认真学习，成绩便一路攀升，之后的学业之路走得非常顺利。

2006年，他开始攻读中国科学院等离子体所博士学位。2007年是丁锐人生中重要的一年。这一年，他成为中德联合培养对象，进入德国于利希研究中心，开始为期两年的留学生涯。

于利希研究中心是欧洲最大的研究机构之一，成立于1956年，研究主要集中在能源与环境、信息科技、脑科学等领域，在核物理、磁共振脑成像、太阳能电池和高倍透射电镜等方面的研究处于世界前沿。丁锐来到于利希研究中心的这一年，固体研究所的彼得·格林贝格尔教授因发现巨磁电阻效应而荣获诺贝尔物理学奖。

丁锐很激动，他没想到，有一天，诺贝尔物理学奖获得者就在自己的身边，这对他来说是莫大的激励和促进。当了解彼得·格林贝格尔的科研经历后，丁锐不禁感叹：任何巨大成就的取得都是一步一个脚印走来的，都是用汗水拼来的。他告诉自己，要向这些世界级优秀的科学家学习，在科研道路上尽最大努力往前走。

2010年，丁锐回国后，正式成为EAST团队中的一员。工作了一段时间，他意识到有许多前沿问题要解决，而且自己也有许多需要突破的领域。对于科研，没有捷径，唯一的办法就是寻找先进的科研机构，继续交流、扎实学习。2011年，他前往意大利国家能源与环境研究中心聚变部(ENEA-Frascati)开展一年的合作研究工作。2014年,他又前往美国加利福尼亚州圣地亚哥的通用原子研究所,继续从事磁约束聚变以及等离子体与材料相互作用的研究。

丁锐一直在内心激励自己:要让自己的知识储备足够丰厚,要早日为EAST的技术突破贡献力量!

努力，不断发起新的冲击

　　早上7点，丁锐就会出现在控制室里。从这时开始，到次日凌晨，都是丁锐的工作时间。科研贵在坚持。有了日复一日的坚持，才会从量变到质变，才会最终获得真正的成就。

　　关于核聚变的科研也是如此。核聚变反应需要三个控制条件：温度、密度、时间。

　　"该怎么理解这三个条件和核聚变？"曾有位本科生向丁锐请教。

　　"如果离子一不小心飞了，哪来的聚合？"丁锐用很形象的话语解释，"温度乘以密度，再乘以约束时间，就是核聚变的三乘积。这个乘积只有达到一定的值，才可以实现聚变点火。"

176

丁锐
努力点亮"核聚变发电的第一盏灯"

核聚变需要控制在上亿摄氏度的高温条件下，目前没有哪种材料能承受这样的高温。所以，EAST通过磁场把等离子体约束起来，但仍有一些等离子体会接触到材料。丁锐团队的研究任务就是确保材料受到的损伤最小。

这一天，阳光明媚，蜀山湖波光粼粼。新一轮实验正在进行。"Shot：122254。"EAST控制大厅屏幕上显示的数字就是"人造小太阳"的实验放电次数。

"超过了12万次，这是多么可贵的结果，是多久的坚持才达到的啊！"丁锐对身旁的徐国梁说道。

"是啊，怀揣同一个梦想，许多科技工作者会聚于此，进行了十几年的努力。"徐国梁说，"这样的科研是艰辛的，也是令人着迷的。"

和丁锐说话的徐国梁1991年出生于湖北省宜城市，读高中的时候，他从报纸上看到我国的EAST"人造小太阳"装置建造成功的消息，非常振奋，立志长大后从事我国的核聚变事业。2013年，他本科毕业于西安交通大学，2019年博士毕业于中国科大，之后加入科学岛丁锐团队。他的主要研究方向是托卡马克装置的边界杂质输运，致力于通过有效的实验手段，增强托卡马克偏滤器的杂质屏蔽，实现边界与芯部高性能等离子体的兼容。

概括来说，他的主要工作就是进行模拟计算。

为何要做模拟计算？因为材料的相互作用是复杂的，使用的模型准不准确,徐国梁要模拟计算出来,发现模型不准确,就得考虑新的方式。

徐国梁所说的共同梦想,就是点亮核聚变的第一颗"人造小太阳"。

一个晴朗的日子,安徽卫视记者来到岛上采访丁锐。记者参观EAST大装置后,心中满是对科研人员的敬佩之情,她问丁锐:"人类为何要点亮'人造小太阳'?"

"因为煤、石油、天然气不可再生,终有一天会被耗尽。"丁锐答道。

"不是有风能、水能、太阳能等新能源吗?"

"你想一想,冬天你家太阳能的制热效果好吗?是不是还有很多不太令人满意的地方?"丁锐笑着说,"风能、水能、太阳能等新能源受限于天气或地理环境,难以完全满足我们的需要。"

"不是还有核电站吗?"记者继续说道。

"核裂变产生的能源当然是重要的能源,我们国家也非常重视发展核电,我国商运核电机组已经有50多台,但核泄漏、核废弃物等核安全问题让我们不得不把眼光投放得再远些。"丁锐抬起头来,看了看蔚蓝的天空,接着说,"模拟太阳内部核聚变原理,有望实现源源不断的清洁能源供应。世界上有许多国家都在进行这方面的研究和探索,我们国家能在这方面落后吗?"

"当然不能落后。"记者坚定地说,"中国人口众多,能源需求量大。"

"所以,各个国家都重视这方面的研究。"

"核聚变的过程感觉很复杂,我们是门外汉,很难理解。"记者一脸迷惑。

"这么说吧,原子是构成物质的小粒子,是化学反应不可再分的最小微粒,但原子内部并不简单,以氢原子为例,1个原子里有1个原子核,1个电子。原子核紧紧束缚质量极小的电子,让电子围绕它运动。在一定条件下,比如极高温条件下,原子核与电子会碰撞在一起。这时,原子核就会发生聚合,生成新的质量更大的原子核,同时释放一个高能量的中子。太阳的能量,正是来自其内部发生的核聚变反应。"

"核聚变的主要原料为氘和氚,这两种原料地球上多吗?"记者问。

"氘能从海水里直接提取,氚也可以通过人工制备获得。"丁锐介绍说,"地球上取之不尽的海水都将成为人类的能源来源。如果研发成功,可以说,1升海水的能源价值相当于300升汽油。"

"哇,那该有多少汽油啊!"记者惊得瞪大了眼睛。

"等到梦想实现的那一天,就不用再担心能源问题了,人类赖以生存和发展的基础会彻底改变。"

"你们的科学研究真的是最前沿的!"记者竖起了大拇指。

"是的,我们中国科学家正向更高参数稳态高约束等离子体运行发起新的冲击。"

丁锐的团队负责研究 EAST 实验中等离子体与材料的相互作用,目的是延长材料的使用寿命。鄢容是团队里的骨干。她于2008年来到科学岛,一直从事等离子体与壁相互作用的研究,潜心开展 EAST 诊断第一镜和壁诊断技术的研发工作。

"第一镜是什么? 是镜子吗?"记者问道,"我知道,1973年出土的良渚文化时期的石镜被称为'中国第一镜'。"

"这可不是一个概念。"鄢容笑着介绍,"第一镜是光学诊断系统最重要的光学元件之一,全超导托卡马克开展实验时,上亿摄氏度的高温等离子体与壁材料之间强烈的相互作用会导致第一镜表面出现杂质沉积,从而影响其光学反射率和相关光学诊断信号的准确性及有效性。"

第一镜材料为纳米钼,表面沉积层为氧化铝。发展有效的清洗技术来去除第一镜表面沉积层,恢复第一镜反射率,延长第一镜寿命,这个结果直接决定着各种常规光学诊断系统能否应用于 ITER(国际热核实验堆)及未来的聚变堆中。

鄢容和同事们开展了大量实验研究,探索防护和原位清洗的方法。他们的实验依托于 H 窗口的材料测试平台,他们研究了不同清洗参数(包括自偏压,射频功率,不同工作气体、工作气压,等等)及磁场大小和角度对清洗效果的影响,实验结果发现,在EAST磁场为1.7T的情况下,第一镜表面氧化铝层被完全去除,其全反射率基本得到恢复,清洗速率比无磁场存在时的清洗速率高40倍以上。

"在科学岛上做研究没有后顾之忧,更能潜心钻研。"这是丁锐内心的感受。生活、职称评定、孩子上学都不用担心,因此科研人员更容易潜心研究,专心于工作,也更容易拿出成果。

大装置每次运行,大家都会一起在控制室加班,加班到凌晨一两点都是家常便饭。就这样,经过不懈努力,从技术突破到工程建设,从系统集成到科学研究,EAST团队攻克了一个又一个难题。

出于研究需要,EAST大装置上需要搭建一个测量粒子的能谱设备,用来提供物理数据支撑。这项工作其他国家没人做过,没有现成的经验。丁锐带着团队自己研发,选用哪种探测器、如何进行粒子收集,都靠大家一点点摸索。

历经三年,他们终于在2020年获得成功,研究成果也很快应用在EAST大装置上,这引起了国际同行的广泛关注。

"先后主持多项国家级科研项目,共发表SCI论文100多篇,并在重要国际学术会议上受邀做报告10余次……"丁锐的努力和成绩都是有目共睹的。他所在的团队,平均年龄只有35岁,这个年轻的科研团队期待着点亮核聚变的第一盏灯。

大家正向着更高参数稳态高约束等离子体运行发起新的
冲击！

丁锐
努力点亮"核聚变发电的第一盏灯"

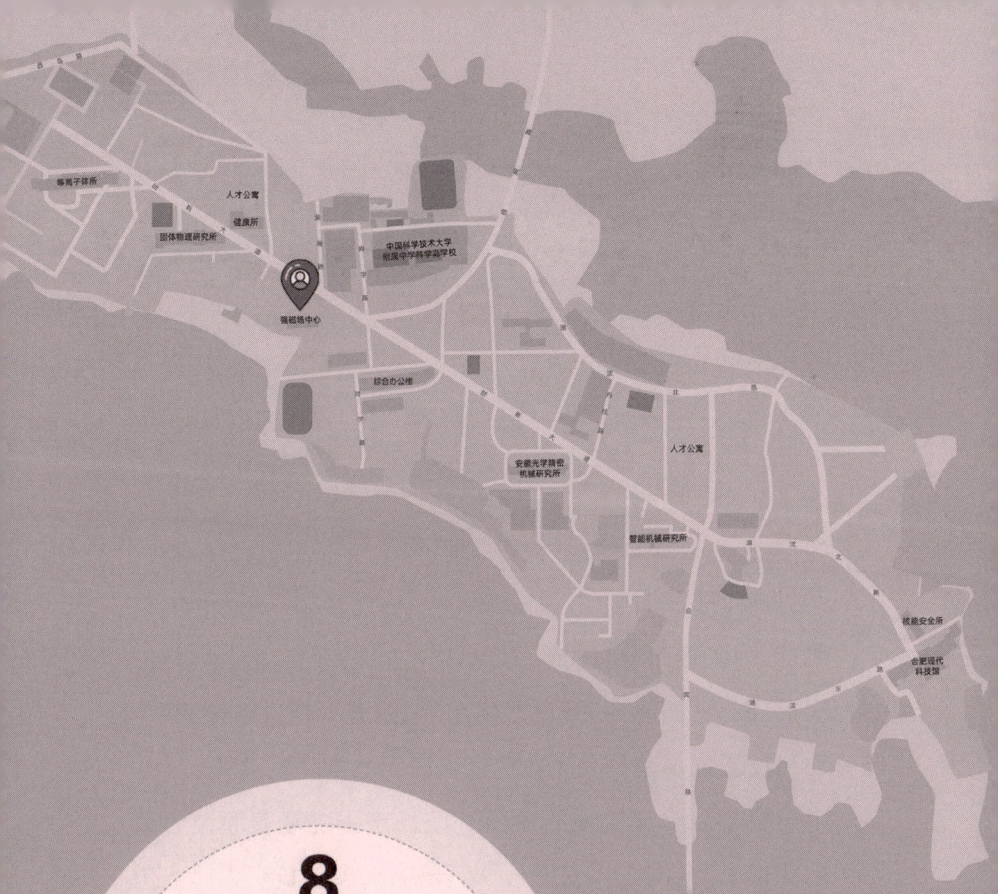

8

稳态强磁场实验装置研制团队

披荆斩棘，刷新世界纪录

2021年4月27日。

北京，一派春和景明的新气象。

庆祝"五一"国际劳动节暨"建功'十四五'、奋进新征程"主题劳动和技能竞赛动员大会在北京人民大会堂隆重召开。

中国科学院合肥物质科学研究院稳态强磁场实验装置研制团队获得了"全国工人先锋号"荣誉称号，项目负责人匡光力应邀做了题为《矢志不移 自主创新，谱写中国强磁场事业发展新篇章》的发言。

曾几何时，国内强磁场领域的研究几乎一片空白，这也成了制约我国科技进步的痛点和短板。只是，大家不知道的是，合肥科学岛上，一批科技工作者以为祖国研制大科学装置为己任，数年如一日，潜心研制稳态强磁场实验装置这一"国之重器"。

合肥科学岛上有众多的科技工作者，其中，稳态强磁场实验装置研制团队成员平均年龄才35岁。他们个个朝气蓬勃,以极大的使命感为攀登科学高峰不断奋力前行。

稳态强磁场，推动重大科学发现的"利器"

2005年，春天。

大蜀山下的杏花、桃花陆续盛开，装点着春天的美景。燕子不时掠过蜀山湖。高秉钧与匡光力等人聚在一起。他们讨论的就是稳态强磁场。

"强磁场是物质科学研究需要的一种极端实验条件，是推动重大科学发现的'利器'。我们国家经济发展了，党和国家也高度重视重大科技基础设施建设，我们要把这个项目立起来。"高秉钧指着一张国外稳态强磁场的图片说道，"是时候了，不能再耽搁了。"

1978年10月，科学岛上等离子体所成立，高秉钧成为等离子体所的一员。美国于1960年建立强磁场实验室后，我国也开始布局建设强磁场,中国科学院在20世纪80年代初决定建设20万高斯的混合磁体实验装置。高秉钧领衔了这个任务,1983年,他带领团队拿出方案,获得了中国科学院数理学部批准。

1990年4月,高秉钧带着团队成员黄乔林去法国,用了半年时间,把他们10兆瓦的电源研究透,完成拆卸、包装,将电源用集装箱从法国马赛运回到科学岛。经过多年的专研攻关,高秉钧带着团队终于完成了20万高斯(即20特斯拉)混合磁体强磁场实验装置建设任务。此后,高秉钧一直带领团队攻坚,希望进一步提升强磁场实验装置的磁场强度。

"目前国际上美国、法国、荷兰、日本等国家都有了稳态强磁场实验装置,咱们国家不能再落后了!"匡光力说道,"我们科研人员要有前瞻性,否则,有负这个时代。"

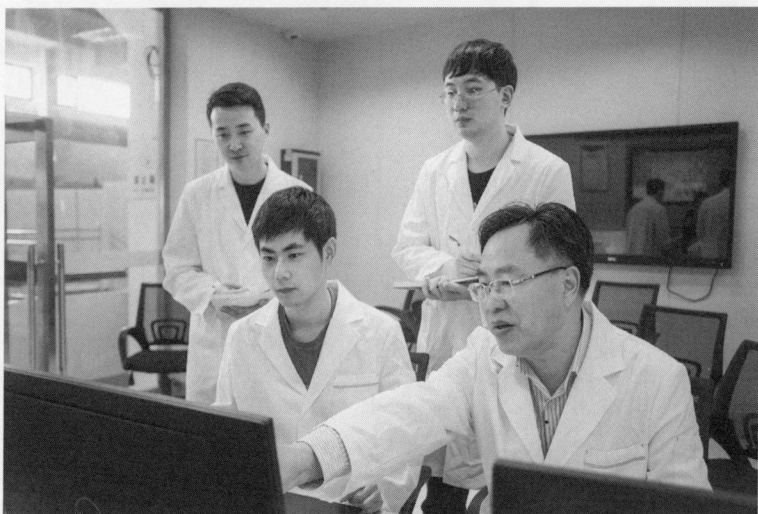

稳态强磁场实验装置研制团队
披荆斩棘,刷新世界纪录

匡光力出生在安徽省六安市一个农民家庭。1979年他参加高考,以物理近乎满分的成绩进入安徽大学物理系。本科毕业后,匡光力考取中国科学院等离子体所研究生。硕士研究生毕业后,他以优异成绩免试读博。

20世纪90年代初,匡光力奔赴德国Juelich研究中心做访问学者,第一个周期2年结束后,研究中心与他继续签约。这时,合肥科学岛上等离子体所准备利用俄罗斯的T—7超导托卡马克工程试验装置,做一个超导托卡马克科学实验装置。

时任等离子体物理所所长霍裕平来到匡光力家,动员他回国,从事超导托卡马克装置的研究。

"我知道,你在这里每月薪酬有3000多马克,而国内科研人员的平均月工资为200元,相差近100倍。德国方面给你的住房条件更是优越。"霍裕平真挚地说道,"但研究所需要你这样的科技人才,你所掌握的核聚变知识能在超导托卡马克装置上得以充分发挥。"

匡光力思考后,决定回国。他清楚,从读本科开始,一直靠奖学金完成学业,是国家培养了自己,如今国家需要研制超导托卡马克大科学装置,国家需要自己,自己报效祖国义不容辞。

回到合肥科学岛,匡光力带领团队攻克托卡马克装置上低杂波驱动电流的核心技术。他不但科研能力强,而且表现出了很强的组织协调能力,因此,2000年初他便走上了等离子体所副所长、党委副书记的领导岗位,成为一名边做科研、边做管理的"双肩挑"人员。2001年,科学岛上科研机构改革,成立中国科学院合肥物质科学研究院时,匡光力担任该研究院党委副书记、副院长。

要让强磁场大科学装置尽快上马并走向世界前列,需要整合力量。2005年12月,已经担任中国科学院合肥研究院党委书记、副院长的匡光力与高秉钧来到中国科大拜访张裕恒。

张裕恒1938年出生于江苏宿迁。1954年,他转到父亲任教的安徽省怀远中学学习,后来考取南京大学物理系。1965年,他获得中国科学院物理所硕士学位。此后,他长期在中国科大任教,担任教授、博士生导师,在超导电性、巨磁电阻效应和低维物理等方面从事研究工作,卓有成就。2005年,张裕恒被评为中国科学院院士。

张裕恒感叹:"因为没有完善的强磁场条件,我们国家的科学家在研究上失去了很多机遇,一些原创性想法不是被搁置,就是到国外与别人合作。只有把稳态强磁场建立起来,我国前沿基础学科的自主创新能力才能得到提升。"

磁场是调控物质量子态的重要参量,在发现新现象、揭示新规律、探索新材料、催生新技术等方面具有不可替代的作用。匡光力表明自己的思路,"我们先开始这方面的研究,然后申请国家相关项目的立项。我们在强磁场研究上有些基础,我们是研究院的领导,可以调集这方面的人才。"

"我们乐意参与其中,但有一点需要你表态。"张裕恒对匡光力说道。

"这是一个关乎国家战略的项目,我个人全力支持,调人员,筹资金!"匡光力坚定地说道。

"这个项目我们要做就要有目标和信心,要走在世界前列,这不是几年就能干成的事情。我与高秉钧年岁不小了,而你年富力强,你来牵头。"张裕恒看着匡光力,继续说道,"但是你长期从事高温等离子体物理和托卡马克低杂波驱动电流技术及实验研究工作,获得系列重要研究成果,已经功成名就,你舍得放弃吗?"

这个问题让匡光力始料未及。

考虑一番后,匡光力决定放弃托卡马克的相关研究。因为那一块已经培养了一批研究骨干,可以放手让他们向前走。而对强磁场大科学装置而言,自己不来牵头,就无法在科学岛上落地。

随后,"合肥强磁场科学技术研究中心"挂牌成立了。

张裕恒非常高兴,对匡光力说:"这是一个标志,标志着中国正式进军强磁场科研领域。"

稳态强磁场到底是什么?匡光力为什么下定决心放弃自己取得的科研成就,另行拓荒之路,从事这方面的研究?

我们都清楚,在极低温、超高压条件下,许多物质会发生性质的改变。强磁场与极低温、超高压一样,被列为现代科学实验最重要的极端条件之一,为物理、化学、材料和生物等学科研究提供了新途径,对于发现和认识新现象、揭示新规律具有重要作用。

自1913年以来在高温超导、量子材料、生命科学等领域屡有重大发现,19项与强磁场有关的成果获得了诺贝尔奖,如量子霍尔效应、分数量子霍尔效应、磁共振成像等,强磁场因此也被喻为"诺贝尔奖的摇篮"。

强磁场可分为稳态强磁场和脉冲强磁场两大类,对应的装置分别为稳态强磁场实验装置和脉冲强磁场实验装置。稳态强磁场的磁感性强度在长时间都维持不变,一般20万高斯以上的稳态场才能称为强磁场。

上马这个项目,需要中国科学院批准,由国家层面来立项。接下来的时间,匡光力一次又一次去北京,从稳态强磁场对科技前沿发展的作用,到合肥科学岛上马这个项目的决心与人才基础、管理基础等,向众多专家、学者详细汇报,争取他们的支持。

到2006年底,只有一个核心人物没有表态。他就是时任第十届全国人大常委会副委员长、党组成员,中国科学院院长、党组书记路甬祥。

路甬祥是流体传动与控制专家,中国科学院院士、中国工程院院士、第三世界科学院院士,曾任浙江大学校长。他对稳态强磁场的作用当然十分清楚,这个时候,中国科学院下属许多科研机构都在争取这个项目。项目落在哪儿最好,他在慎重思考。

匡光力了解情况后，内心很着急。他清楚，当时科学岛的科研实力在中国科学院下属科研机构中还进入不了前列，地理位置也不如北京等地有优势。他向当时分管科技的副省长田维谦汇报。

"光力，这么一个有意义的项目我们安徽当然要争取，你说下一步怎么办？"田维谦说，"需要我们做什么，你尽管提出来，我们极力支持。"

"稳态强磁场这个项目对科研发现的作用太大，所以路甬祥院长慎重，从中国科学院的角度来看，布局在北京也许更方便，至少沟通便捷。所以，我们安徽要拿出决心与信心，能不能请省里主要领导给路院长写封信？"

很快，时任安徽省委书记郭金龙、省长王金山联合署名，给路甬祥院长写了一份情真意切的信，信中陈述了安徽上马稳态强磁场大科学装置的条件与决心。

路甬祥当时担任全国人大常委会副委员长，是党和国家领导人，信函要按程序才能递交到他本人手中。匡光力急了，按惯例，中国科学院即将召开冬季党组务虚会，讨论重大科研项目。如果在这之前不把信函送到路甬祥手上，科学岛就可能失去这个机会。

得知情况后，江明主动说她来试试，他尝试把信函直接交给路甬祥。江明是安徽南陵人，当时担任中国科学院北京市政府中关村科学城建设办公室综合处处长、办公室副主任,挂职合肥市副市长,分管科技等工作。

不久,匡光力接到通知,前往中国科学院汇报。

2008年5月,合肥科学岛上生机勃发。

稳态强磁场实验装置在科学岛开工建设,同时,中国科学院强磁场科学中心宣告成立。稳态强磁场实验装置是国家发改委"十一五"期间立项的国家重大科技基础设施。匡光力兼任项目负责人和中国科学院强磁场科学中心主任。

这样的大科学装置,最需要的是相关科研人员。匡光力不得不到处物色人才。

2008年,他与王俊峰相逢。王俊峰曾在美国读博士,从事核磁结构生物学研究。得知国家对强磁场领域研究的态度和决心,王俊峰做出一个决定:前往合肥科学岛从事研究。后来,他担任中国科学院强磁场科学中心副主任。

科学岛鸟语花香,景色宜人,科研氛围浓厚。一段时间后,相关科研人员陆续来到这里。

"刘小宁、欧阳峥嵘、张晓东、孙玉平、邱宁、吴仲城、陈文革、皮雳、姜桂萍,他们是建设稳态强磁场装置相关方面的'功臣',也是目前年轻人才的引路人。"匡光力经常说,正因为一批科技骨干的攻关克难,他们才能不断取得新的成绩。

团队里许多人员参加过"人造小太阳"的建设,有大科学装置研制经验,加上团结协作,终于在2016年自主研制出中心场强40万高斯(即40特斯拉)的混合磁体。

这个纪录跻身世界第二。第一是美国。

2017年9月,稳态强磁场实验装置通过国家验收并正式投入运行,包括十台磁体:五台水冷磁体、四台超导磁体和一台混合磁体。

"继美国、法国、荷兰、日本之后,中国成为第五个拥有稳态强磁场实验装置的国家。"匡光力自豪地对张裕恒说。

"这是支持许多学科前沿探索的有力武器,磁学、半导体物理学、非常规超导体、重费米子、量子输运、量子计算、材料科学、磁化学与合成、生命科学,都会得到科研的突破,我们需要把它做强。"张裕恒高兴地说。

磁场越高,科学发现的机遇就越多。从2016年底开始,团队成员鼓足干劲,向下一个目标进发。

披荆斩棘的年轻团队

　　远远望去,科学岛的绿树之中,一幢灰白色的建筑非常显眼,这就是强磁场科学中心。在稳态强磁场实验装置混合磁体大厅里,屹立着一个6米高的大白罐子,一旁悬挂着五星红旗。

　　高场磁体装置由高场磁体与技术装备系统组成,其中技术装备系统又包括中央控制系统、高功率高稳定度电源系统、去离子水冷却系统、极低温系统、真空系统等,为高场磁体的运行提供保障。

　　1983年,张俊出生在革命老区安徽金寨。他从合肥工业大学检测技术与自动化装置专业毕业后,曾在上海工作过一段时间,积累了科研与管理经验。2010年,已经开工建设两年的稳态强磁场实验装置处于"边建设、边运行"的状态，张俊在这个时候回到合肥科学岛继续深造，博士毕业后留在强磁场科学中心从事高场磁体控制与保护系统研制工作。

"匡光力老师作为项目负责人，要求我们反复论证，仔细琢磨。一旦确定方案，他就让我们大胆尝试，他是我们的坚强后盾。"张俊朴实、勤奋，他很喜欢科学岛的科研氛围。

稳态强磁场装置研制团队里有一批骨干，大家个个年富力强，都怀着科技报国的理想，因此最终走在了一起。

团队里有个喜欢穿牛仔裤的帅气小伙儿房震。1989年，房震出生在江苏高邮，从小他就是一个对科学充满兴趣的男孩。

2013年，房震毕业于合肥工业大学机械设计制造及自动化专业。喜爱科学的他没有急着就业，而是继续深造。5年后，他获得了中国科大博士学位。毕业后，他留在科学岛，担任强光磁关键技术预研项目高场水冷磁体课题负责人。他带着团队成员李见、王忠建、周游等人，开始了和高性能水冷磁体线圈设计、水冷磁体关键机械结构设计、多场耦合有限元仿真等有关的研究工作。

"在科研攻关过程中，一而再、再而三的失败让人备受打击，但是我们年轻无畏，我们要向老科学家学习，不怕挫折。当我们真正参与其中，亲手创造、亲自见证我国科技事业的历史性时刻时，我们才能体会那种幸福和自豪，才知道大家总说的幸福和自豪是多么真实、多么深刻！"房震说。在科研上取得成就充满了吸引力,正是这种吸引力不断鼓励着他们继续攀登科研的高峰。

科研之路似乎没有终点,但只要抬起头往前看,总能看到更美的风景。

团队里,担任高级工程师的唐佳丽祖籍安徽安庆,安庆是一座长江边的历史文化名城,被誉为"黄梅戏的故乡"。不过,唐佳丽对安庆的记忆不多,因为父母是中铁十二局的职工,长期转战在外,唐佳丽其实是在四川南充长大的。

2009年,唐佳丽硕士毕业以后来合肥科学岛工作。那时候,强磁场科学中心的建设还在起始阶段,唐佳丽也是刚刚接触大科学装置,很多知识都需要重新学习,慢慢积累。她主要从事大功率水冷系统设计及水蓄冷技术相关研究,"怎么造"

"怎么运维",这是她常需要思考的问题。

磁体运行过程中会因消耗大量电能而产生巨大的热量,必须及时由冷水带走,以保持磁体材料的特性不受影响。这里所说的冷水当然不是一般的自来水。为了防止普通水中的离子导电及水垢阻塞磁体内细小的水冷通道,磁体侧的循环冷却水需要使用去离子水,而磁体循环去离子水的热量则需通过板式换热器由温度更低的冷冻水带走。因此,制冷、蓄冷及超纯水技术等都是唐佳丽和同事们所要研究的,他们需要在保障装置稳定的同时,提升系统运行效率及节能性。

"稳态强磁场实验装置混合磁体的外超导磁体需要-269 ℃的低温和加强电流。"李俊杰介绍说。他作为低温系统主要承担人,完成该装置的45特斯拉级混合磁体外超导磁体的氦低温系统建设、超临界氦冷却研究,以及氦气回收纯化系统建设。李俊杰1982年出生于河南新野县,2006年毕业于武汉理工大学热能与动力工程专业。随后,他考取中国科学院研究生,硕士师从欧阳峥嵘,博士师从匡光力。2011年,李俊杰获得核能科学与工程博士学位。因为成绩优秀,他正式成为稳态强磁场实验装置研究集体的一员,主要研究氦低温系统及关键部件研制、大型超导磁体低温冷却设计、超流氦低温技术。作为项目主要承担人,他需要做的是完成国家大科学工程"稳态强磁场实验装置"氦低温系统建设、强磁场中心氦气回收纯化系统建设和45T混合磁体外超导磁体超临界氦冷却设计。

稳态强磁场实验装置之所以能产生高强度磁场,是因为它由大型磁体(电感)和高功率电源组成。当高压电流流过电感时,电感内部会产生磁场。要产生稳态强磁场,就需要稳定的兆瓦级电源来维持数万安培的电流输出,通常这要通过高精度的控制器来精确调节电源的输出电流来实现。团队中负责这一细致工作的是王灿。

王灿研究的内容是高功率高稳定度电源技术、变流电源及其控制技术。这位1985年出生的帅小伙于2008年加入强磁场科学中心。他喜爱留寸头,显得格外精神。眼镜后面的那双眼睛时刻散发着敏锐的光芒。在强磁场科学中心,他作为电源系统主要承担人员,先后参与完成了国家重大科技基础设施"稳态强磁场实验装置"中28 MW高稳定度电源的设计与研制,16 kA超导磁体电源的设计与研制,实现了磁体的稳定可靠供电。其中,28 MW高稳定度电源的研制荣获了2016年的安徽省科技进步奖。

王灿肯动脑子,善于研究。他与同事们通过研究发明了一种混合磁体的外超导磁体储能安全退磁电路及退磁方法,解决了现有外超导磁体储能急降安全退磁电路设计复杂和所用器件较多而导致的误动作概率高、不可靠的问题。

团队中还有一个来自内蒙古赤峰的小伙子,他就是蒋冬辉。蒋冬辉本、硕、博均就读于西南交通大学。他的博士导师王家素和王素玉团队曾成功研制成功世界首辆载人高温超导磁悬浮实验车"世纪号"。

2014年蒋冬辉博士毕业,导师王家素根据其研究特长,建议蒋冬辉来科学岛,从事高场超导材料性能、大口径高场超导导体及磁场技术和内插高温超导磁体技术的研究。

"钇钡铜氧是不可多得的高温超导材料,能让我们轻松看到超导磁悬浮现象。"蒋冬辉为之入迷,并努力提升钇钡铜氧的性能。

不久前,他做过一个特别的小线圈测试,取得了成功,虽然只是成功了一小步,但对他来说很有意义。他的内心是骄傲与自豪的。

如今,蒋冬辉是科学岛满怀科研激情的"新岛民"。妻子在一家量子公司上班,孩子正在上幼儿园。每天孩子入睡后,他就会完全沉浸在自己的科研世界里。高温超导材料的性能提升之路没有尽头,唯有不断探索才能前行。

往极限上去冲刺

"从40万高斯到45万高斯，走了6年。挫折、失败，不可避免地接连出现。"张俊对采访的记者说道。过去攻关的日子似乎依然在眼前，那种记忆刻骨铭心。

稳态强磁场实验装置的混合磁体第一次冲击40万高斯最高场运行时，出现了故障。第二次运行前，各系统的人员都更加谨慎，担心凝聚了强磁场人多年心血的设备再次出现意外。要知道，每出现一次故障，国家就要承担巨大的经济损失。

匡光力召集大家开会讨论，让各系统参与人员仔细核查各个环节，确保万无一失，同时又鼓励大家放心去做。"你们大胆去想，大胆去做，出一切问题均由我承担！"

匡光力将所有压力背负在自己身上，这种勇气和担当大大

204

激励着团队全体人员。终于,在2016年底,团队自主研制出中心场强40万高斯的混合磁体后,大家没有满足于"世界第二"的成绩,心中都铆着一股劲:向更高目标冲刺!

2019年,混合磁体磁场强度进一步提升至43.9万高斯,离全球最高的45万高斯仅一步之遥。

但攀登科学高峰,越是接近最高峰,难度越大,前进哪怕一点点,都非易事。

团队的多次冲刺方案都失败了。

"高秉钧研究员、张裕恒院士以80岁高龄筚路蓝缕,大胆革新,我们年轻人一定要加倍努力,努力实现磁体制造与实验测量技术的国际超越。"匡光力经常勉励团队里的青年,"对科技工作者而言,迷茫、困惑、挫折、失败,都是走向成功的基石。"

混合磁体是国际上技术难度最高的磁体,也是能够产生最高稳态磁场的磁体。从结构上看,它由外"超导磁体"和内"水冷磁体"组合而成。为了提升混合磁体性能,匡光力牵头成立了青年创新突击队和关键技术攻关小组,组织大家夜以继日地探讨、研究,创新磁体结构,研发新材料,优化制造工艺。

2022年春天,一套由房震主持设计的全新内插水冷磁体研制方案摆在大家面前。这也是团队不断攻关形成的新成果。

2017年3月开始,匡光力担任了安徽大学校长,需要分出时间处理许多行政工作。2022年暑假一开始,他就一头扎进科学岛实验室,带领科技人员昼夜奋战。

2022年8月12日。新方案、新实验开始了。

团队中每个人都心情激动，同时也充满期待。

"45.22万高斯！"

结果一宣布，在场的研究人员立刻鼓起掌来，全场掌声雷动。

是的，此次混合磁体在26.9 MW的电源功率下产生了45.22万高斯（45.22特斯拉）的稳态磁场。这一数值刷新了同类型磁体的世界纪录，这是目前全球范围内可支持科学研究的最高稳态磁场！这项成就是我国稳态强磁场建设乃至世界强磁场技术发展的重要里程碑。1999年，美国国家强磁场实验室创造的45万高斯，这个纪录，他们已保持23年。

对世界范围内这一领域的科学家而言，这个数据都是振奋人心的。美国、德国、法国、荷兰等国家的强磁场实验室纷纷发来贺电，有的提出合作。

45.22万高斯有多强？这么说吧，地球磁场约等于0.5高斯,新纪录相当于地球磁场的90多万倍。一般永磁体磁场强度为0.1万～0.3万高斯,医用核磁共振的磁场强度为0.5万～3万高斯。

"这个数字要想再增加,困难会更大!哪怕增加一点点,都需要大量工作,不仅包括材料、技术、工艺、能源保障等方面的改进,还需要研究和设计思路上的创新。"匡光力打比方说,"这就好比百米赛跑,人类目前的百米纪录是9秒58,但在此基础上哪怕缩短0.01秒,都是难度极大的事。"

达到极限的时候,一根稻草也能压死骆驼。说的就是这个道理。"进一步提高磁场强度,对开展物理、化学、材料、生命健康和工程技术等学科的研究,也会有更大贡献。"房震接受采访时说。

稳态强磁场实验装置自投入运行以来（截至2023年底），已经运行超过60万个机时，为国内外近200家用户提供了实验条件，有清华大学、北京大学、中国科大、复旦大学、南京大学、浙江大学、中国科学院、美国哈佛大学、新加坡国立大学等用户单位，在物理、化学、材料、生命健康、工程技术等领域开展了超过3500项课题的前沿研究，取得了系列重大科技成果。

"这些研究取得了哪些成就？"记者曾经采访匡光力。

"一方面，强磁场可以诱导新物态，有效调控材料中的电荷、自旋、轨道等，使之出现全新的量子态，从而呈现出丰富的新现象。另一方面，强磁场可以催生新的重大应用技术，特别是目前在化学、生物医学领域广泛应用的结构解析和非侵入性成像——核磁共振技术。"匡光力说到这儿，情不自禁地笑了，这笑容里明显有着自豪之感。

他清了清嗓子，继续说："通过强磁场，人类首次发现了外尔轨道导致的三维量子霍尔效应，揭示了日光照射改善学习记忆的分子及神经环路机制，这些都是重大科技成果。与此同时，团队充分发挥大科学装置"沿途下蛋，就地转化"的作用，研发装置衍生的成果，依据装置研究产生多项成果，如组合扫描探针显微技术、国家Ⅰ类抗癌创新靶向药物等，将科技成果成功转化为现实生产力。"

"强磁场催生了新的发明与发现。"匡光力举例说，"陆轻铀在测量系统研发中取得很大成就。"

陆轻铀老家在江苏常熟,他出身于一个科学世家。父亲毕业于北京大学物理系,后调入南京大学,任天体物理研究室主任,为中国科学院院士;母亲在南京大学从事化学研究。

在浓厚的科研氛围的熏陶下,陆轻铀和妹妹也踏上了科研之路,兄妹俩一个从事物理研究,一个从事化学研究。

从本科到博士,陆轻铀一直就读于美国得克萨斯大学,并分别于1994年、2000年获得物理学学士学位及凝聚态物理博士学位。2000年,陆轻铀开始在美国Cypress半导体公司任技术主管,主要从事超大规模集成电路工艺的研制,并于2004年成为当时最先进的90纳米项目的负责人。在他的领导下,研究团队通过不断攻关,研制成功了国际首个72兆比特QDR-SRAM芯片产品,在领域内引起了很大的反响。

"将科学研究的果实播种在祖国的大地上,才是最有意义的。"2005年,结束了国外多年的科学研究旅程,陆轻铀毅然决然回国,担任中国科大微尺度国家研究中心担任教授、中国科学院强磁场中心研究员。

第一台扫描隧道显微镜(STM)问世,标志着人类进入了可以在真实空间中直接观测原子和操纵原子的时代。但在很多重要的极端条件下,比如对于30特斯拉以上的超强磁场,因为需要在水冷磁体或混合磁体中进行测量,振动与电磁干扰十分严重,很难得到清晰的原子图像。荷兰、美国的科学家一直在努力,但在水冷磁体磁场强度达到6特拉斯时,就难以成像。

陆轻铀沿着这一方向攻关不辍,在水冷磁体里强度达到35特拉斯,温度在1.7 K的条件下得到清晰的原子成像,这是世界上领先的科研成果,不仅如此,陆轻铀还将相关技术实现了产业化。

"稳态强磁场实验装置作为新时代建成的'国之重器',未来还将发挥更大更重要的作用。"匡光力经常与年轻的科技人员交谈。他们有了新的目标,那就是攀登和挑战以55万高斯混合磁体、36万高斯高均匀度超导磁体为代表的、着力于解决国家重大需求的"强光磁集成实验设施"。

回首稳态强磁场技术创新,回首那些披荆斩棘、埋头苦干的日子,都是动人的。要继续瞄准极限去冲刺,这是这个年轻团队的目标,他们时刻准备着,时刻充满了信心。

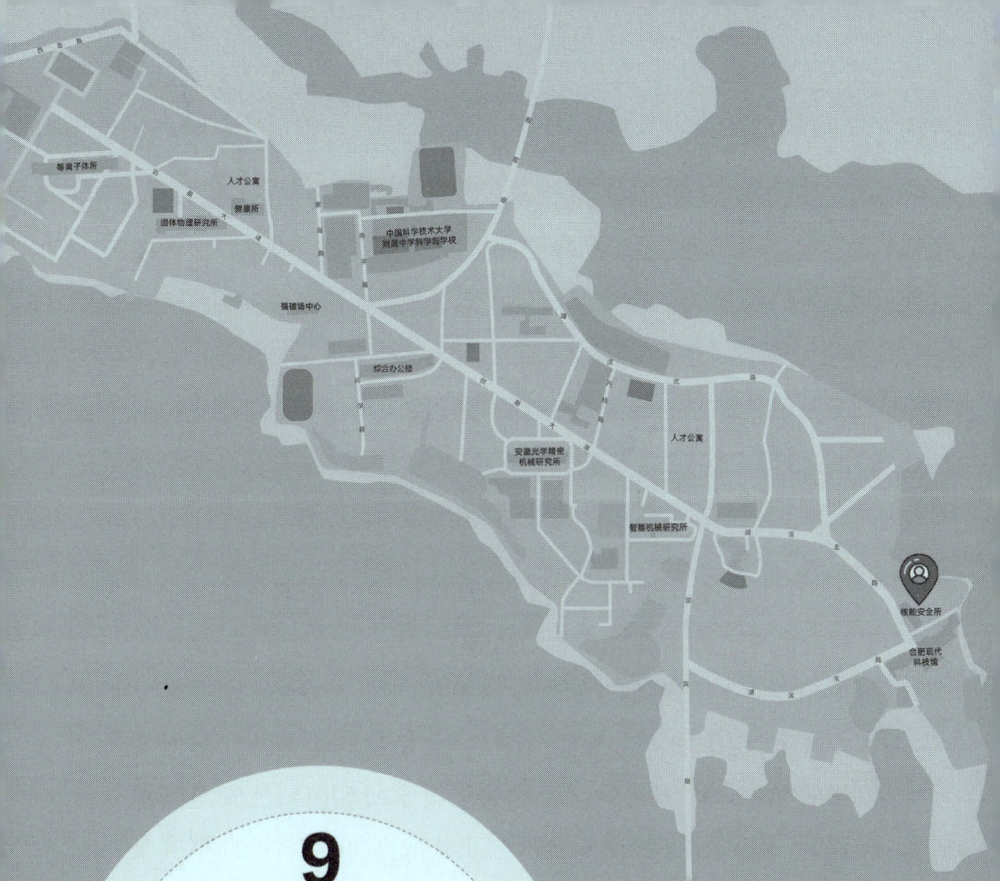

9

微小型反应堆
关键技术
创新团队

努力！为了"小堆体，大能量"

　　2011年，日本发生福岛核泄漏事故。核安全基础研究工作受到全世界范围内专家学者的重视。

　　2012年4月，正是万物勃发的季节。

　　这天，位于安徽合肥的科学岛上，植物鲜嫩的叶片折射着柔和的光芒。中国科学院合肥物质科学研究院核能安全技术研究所（下文简称"核能安全所"）正式成立，该所将面向核安全与先进核技术相关领域开展关键性、原创性、引领性研究，研究方向涵盖材料与结构安全、反应堆与系统安全、辐射防护与环境安全、核应急与公共安全等。

　　核能安全所里，有一个微小型反应堆关键技术创新团队（下文简称"微小堆技术团队"），以"80后"青年科研人员为主。他们针对微小型核电源关键技术开展反应堆物理与屏蔽设计、反应堆热工水力设计、反应堆主设备与系统集成、反应堆材料与部件等关键技术攻关。

　　这个年轻的团队正朝气蓬勃地跋涉在科研的路上。

将在未来实现普及的"充电宝"

核能大家不陌生,也就是原子核通过核反应释放能量。

有三种核反应可以获取这种能量:核裂变,较重的原子核分裂释放结合能;核聚变,较轻的原子核聚合在一起释放结合能;核衰变,原子核自发衰变过程中释放能量。

一百多年来,物理学家汤姆逊、伦琴、贝克勒尔,以及世界著名的大科学家居里夫人、爱因斯坦等都为核能的发现与发展做出了卓越贡献。1942年,美国芝加哥大学成功启动了世界上第一座核反应堆。1954年,苏联建成了世界上第一座核电站——奥布灵斯克核电站。此后,美国、俄罗斯、英国、法国、中国、日本等国家相继展开对核能应用前景的研究。

2023年暑期,科学岛上浓荫匝地。一群大学生来到这里参加夏令营。领队李桃生是微小堆技术团队里唯一不是"80后"的成员。他先后在中国原子能科学研究院、哈尔滨工程大学从事教学与科研工作,主要从事辐射防护及核技术应用研究,辐射防护屏蔽设计,核环境工程、辐射探测及设计,核电子学研发,堆用材料辐照损伤等领域的研究。

"以2022年为例,我国商运核电机组53台,核电发电量为4177.8亿千瓦时,全国各类型电源装机占比2.2%。党的二十大报告再次强调'积极安全有序发展核电',随着'美丽中国''健康中国''平安中国'的深化实施,我国核技术应用产业发展进入新的战略机遇期。"李桃生向前来参观的大学生介绍说。

"核安全在全世界范围内都深受关注,我们国家的传统堆该怎样解决安全问题?"有人问道。

"科学岛上关于核能的研究工作,其落脚点最后就是一个:研究核安全。其实,E. 费米(Fermi)等人在美国筹建世界上第一座反应堆时,关于核安全的各种研究工作就已开始。80多年来,人们不断探索与研究,对核能的认识和利用越来越成熟。"李桃生看了看眼前一张张洋溢着青春光彩的脸庞,继续说道,"'华龙一号'想必大家都知道,它的优势在哪儿呢? 在于立足于30多年核电科研、设计、制造、建设和运行经验的基础;在于根据福岛核事故经验反馈及中国和全球其他国家最新安全要求研制;在于它是具有完全自主知识产权的三代压水堆核电创新成果。"

"我看过报道，2021年5月，'华龙一号'海外首堆工程——巴基斯坦'卡拉奇2号'机组正式投入商业运行。"一位女同学说道，她的眼睛里闪着明亮的光芒。

李桃生对她投去赞赏的眼光："'华龙一号'是中国核电机组发展的主力堆型，是中国核电走向世界的'国家名片'，是中国核电创新发展的重大标志性成果。"

"感觉多发展'华龙一号'这样的传统堆就可以了，为什么要研发微小堆呢？"有人问道。

"传统核反应堆需要大量水源冷却，因此几乎都建在海边或江边，而且体量大，还要考虑存在核泄漏隐患的问题。"李桃生解释道。

一直在李桃生身旁默默微笑的汪振向同学们补充道："微小堆摒弃了传统核电压力容器的样式，成功地将蒸汽发生器、堆芯、主管道、主泵泵壳等设备组件整合并融入一体化的压力容器中。这就大幅度减小了核电站的体积，还减少了由外部管道连接问题导致的安全隐患，大大提升了核电站的安全性能。"

2017年6月，汪振取得中国科大核科学与技术博士学位后，正式进入中国科学院合肥物质科学研究院工作，从事先进核能系统热工水力及安全研究工作。几年的努力工作之后，汪振已经成为微小堆技术团队副主任。在同事们的眼里，汪振对工作特别负责任，哪怕是非常琐碎的事，他也会通过及时沟通，和同事们积极配合，有条不紊地把一切安排好，再复杂的事经过他的手也会被解决得很好。

国家自然科学基金青年项目"聚变堆严重事故下氢气-钨粉尘-水蒸气-空气四元混合体系燃爆机理研究"项目负责人、国家重点研发计划"铅铋快堆包壳材料研制、部件材料铅铋环境长期服役性能及热工水力耦合腐蚀行为研究"子课题负责人、国家重点研发计划"聚变堆事故放射性源项一体化评估技术"项目骨干……汪振虽然很年轻,但他的科研工作及成绩令人刮目相看。

"我对工作的热爱还要从小时候说起。"汪振常常这么说。

孩童时,汪振和伙伴们经常一起玩闹。

一次,有个小伙伴手拿木棍说道:"我的长矛枪有无穷威力。"

另一个小伙伴双手端在胸前,比画着说:"我的机关枪最厉害,嘟嘟嘟,敌人都被消灭了。"

"看,我的原子弹能把你们的武器全部毁灭!"有一个小伙伴大声说。这时,其他小伙伴都不说话了。

"原子弹这么厉害?"汪振回家问大人。大人告诉他,原子弹当然厉害,第二次世界大战期间,美国两颗原子弹让全世界都震惊了。

读小学六年级时,汪振终于从一本科普杂志上了解了原子弹、核电站等的原理。他记得杂志里面介绍说,1千克燃料铀235裂变产生的能量,相当于2700吨标准煤完全燃烧产生的能量。小小的原子核居然有这么大的威力,汪振内心感到了原子核的神秘,对核能的敬畏之情也油然而生。

进入中学后,汪振熟悉了钱学森、邓稼先、彭桓武、王淦昌等"两弹一星"科学家,不仅崇拜他们在学术研究上的造诣,更被他们的高贵人格和家国情怀所感动。他们中很多人放弃了国外良好的科研条件和生活环境,回到祖国,一头扎进荒无人烟的罗布泊戈壁滩,过着隐姓埋名的日子,默默从事核试验,将自己的青春韶华献给了祖国。

高考填报志愿时，汪振一门心思想选反应堆工程专业。家人和班主任都比较反对，觉得这个专业太冷门，就业面太窄。汪振仔细思考之后，还是坚定自己的选择。

"微小堆建设时间短，经济成本低。"汪振看着眼前的大学生群体，继续说，"我们用铅铋冷却，就可以避开水源。比如，某大山深处没有河流，架设电杆困难，成本大，但又需要电源，该怎么办？这就适合建一个微小堆。"

"哦，原来是这样，看来微小堆的应用还挺广的。"同学们听了介绍后，纷纷感叹。

"是啊，除了偏远山区，岛礁、深空探测、远海科考等，都可以用微小堆来作动力。"

"这样说来，微小堆越小越好？"

"当然。"汪振扶了扶眼镜，说道，"像计算机一样，从巨无霸到便携式，这需要技术支撑。"

"那不就是充电宝吗？随地可用。"有位同学脱口而出。

"这个比喻很形象啊！"汪振竖起拇指，继续介绍说，"我的家乡在河北唐山遵化，那是一个钢铁之都，盛产钢铁。我读中学时，遍地都是钢铁厂，经常浓烟滚滚，空气污染严重。当时，我了解了核能，我感觉到我们家乡那种利用煤炭的落后能源模式必须改变，核能一定能发挥作用。果然，全球许多国家都在研究与应用微小堆，因为它具备体积小、建设快、成本低和安全性高等优点，具有广阔的应用前景，甚至可能推动整个能源市场的转型和发展。同学们,你们也要为之加油啊!"

"好!"同学们喜气洋洋地摆出自信的手势。

"您做这项科研工作时,遇到过哪些困难?"有位同学模仿记者的语气对汪振采访道。

"我们所里建成的铅基堆非核集成实验平台,可营造接近真实铅基堆的堆芯流动传热环境,获得的数据对微小堆的研发具有重要意义。然而,使这个'庞然大物'真正运行起来绝非易事!"汪振用睿智的眼光看着大家,继续说,"这个实验装置的一回路里流淌着200多吨的高温液态金属铅铋,如何确保不泄漏、不凝固? 二回路里则是压强10 MPa、温度超过200 ℃的水,如何确保不外泄、不沸腾?"

"天哪!"同学们听到这里不禁感叹起来。

"实验方案必须经过充分论证,实验装置的所有部件必须经过检查和调试,方能确保万无一失。我们科研团队对实验方案进行了反反复复的充分讨论,并通过数值模拟手段进行了推演,就为了确保没有问题,而后又开展了长达1个多月的检查和实验调试工作。

"实验调试正值炎炎夏日,再加上实验装置本身的加热系统开启,实验大厅内部更是高温难耐,在里面待几分钟便会汗流浃背。在这样的艰苦条件下,为了加快实验进度,我们实验核心成员主动提出坚持24小时轮流值班,节假日不休息。目前,我们已完成了装置的实验工作,获得了大量第一手的实验数据，为项目的执行奠定了坚实的基础。”

汪振话音刚落，耳边便响起了同学们热烈的掌声。

青春力量
追寻科学之光的故事

相互鼓劲的科研夫妻

在微小堆技术团队里，王海霞、梅华平是夫妻档。

王海霞是核能安全所氚技术小组组长，研究方向为聚变堆氚自持与氚安全。她出生在河北邯郸，有一个哥哥、一个姐姐。虽然一家生活靠父亲在工厂上班、母亲做些农活维持，但父母支持子女读书，对儿女一视同仁。王海霞本科读的是师范学校，她爱钻研，便决定毕业后考研进一步深造。

可没想到的是，她心仪的大学就在她准备报考的那一年研究生培养由免费改为收费。王海霞觉得自己已经大学毕业，不能再伸手向父母要钱深造了，她便决定放弃这所大学。当时教授量子力学的石凤良教授建议她报考中国科学院近代物理研究所。

王海霞听取导师的建议，虽然改变了专业课考试，但还是凭借平时扎实的学习基础成功考取，且用她的执着与毅力完成了之后的硕博连读。

读研期间，教授粒子物理与原子核物理的导师张玉虎对王海霞影响很大。

张玉虎于1982年毕业于复旦大学大学核物理专业，后由中国科学院选送赴法国学习。

虽然已经获得"国家杰出青年科学基金"，享受"国务院政府特殊津贴"，在学生们眼里算是"功成名就"，但张玉虎对待工作一丝不苟，经常加班加点，对自己的研究生也要求严格。

有一次，张玉虎要出国。启程前，他把王海霞等几位研究生叫到办公室，把科研上的事一一交代清楚。

"我很喜欢科研,也觉得非常幸运,它不仅是我谋生的手段,还给了我实现人生价值的舞台。"这是导师张玉虎经常对研究生说的话。王海霞每次听后都深受触动,她能感受到导师对研究工作发自内心的喜爱。

受导师张玉虎的影响,王海霞自2012年7月来到科学岛后,就把科研当作自己生命中非常重要的一部分。在同事的眼里,她是团队里的"拼命女神",怀孕期间还一直奋斗在科研一线,产后刚休息一周就开始写项目材料,在月子里就给学生批改答辩材料……

为什么这么拼?王海霞自己给出的答案是,只有自己不断努力,只有具备真正的实力,内心才不会恐慌。因此,她到科学岛工作不久后,就成功申请了中国科学院仪器功能开发创新项目。

以氘、氚为原料的聚变会消耗氚而产生中子。中子击打氚增殖剂,便会产生新的氚。也就是说,氚自持是氘氚聚变能实现工程应用和稳态运行必须解决的关键问题之一,氚增殖剂是实现氚自持的关键功能材料,它不仅要求产氚率高,还要将氚尽可能多地从增殖剂中释放出来。

王海霞的研究便是针对聚变中子辐照下氚增殖剂 Li_2TiO_3 的释氚行为与机制。为了解决技术难题,她到处学习。哈尔滨工程大学、中国科学院工程物理研究院、中国科学院大连化学物理研究所、苏州大学等地都有她钻研的身影,一次次的努力之后，她终于取得了不小的成就。几年下来，王海霞主持了国家自然科学基金项目、中国科学院国际伙伴计划等项目，并负责1项国家重点研发计划子课题。

进入微小堆技术团队后，王海霞不禁思考自己在团队中该干什么。过去自己研究的是聚变中产生氚，属于放射性核素。微小堆是核裂变，同样会产生放射性核素，她便从放射性核素安全上做研究。

王海霞的丈夫梅华平也是微小堆技术团队的一员。

2012年3月，田野里油菜花开始绽放，散发阵阵幽香。梅华平来到科学岛工作，他的研究方向为微小堆堆芯设计与热管研发。

梅华平出生在湖北荆州松滋的一个农民家庭。虽然父母受时代影响没有念书，没什么文化，但他们一心想培养出一个读书的儿子。

在松滋市第一中学读高二时，梅华平一度贪玩，成绩一落千丈。看到身边有同学辍学，他也有了退学的想法。这时，一向平和的父亲表现出了少有的严厉与气愤，他把儿子怒骂一顿。

迫于父亲的压力，梅华平改变主意，回到学校。他努力追赶，高考时终于考取了中国地质大学应用化学系，后来又到清华大学工程物理系求学。

"现在回想起来，我真得感谢父亲，他严厉的教育改变了我的人生方向。"梅华平说，"否则我这辈子可能就真的与科研无缘了。"

很小的时候，梅华平就听过袁隆平的故事，觉得他靠技术增加了水稻产量，为中国粮食做出了卓越贡献。他心里特别崇拜能为国家做贡献的科学家，也就逐渐爱上了科学。

在王海霞看来，多学科的教育背景，加上曾经在中国核工业集团公司工作的经历，让丈夫梅华平有了很开阔的科研视野，对她也有很大的帮助。有一次，王海霞申请一个国家科研项目，梅华平看完项目书后告诉她："对方看重的是化学背景，你从核物理的角度去申报未必适合。"王海霞觉得有道理，便及时增补和化学相关的内容，重新做了申报。

2022年，中国科学院重点部署项目"空间核裂变反应堆电源技术"子课题面临结题验收，高温液态碱金属热管测试平台是课题结题验收的重点考核项。

液态金属热管的启动和传热机理复杂，国内可供参考的类似实验装置少且能力都比较弱，测试平台的协作配套厂家经过长达9个月的现场调试，先后更换了测试平台原有的加热、冷却、真空等主要系统设备，却始终无法将设备的传热能力调试到规定指标参数。

这时候，协作配套厂家表示放弃，任凭怎么说都不愿继续投入。课题结题面临极大的风险和压力。

梅华平一筹莫展。这时，妻子王海霞鼓励他说："通往罗马的路不止一条，总有一条适合你，只是它曲折而隐秘，不要放弃！"

妻子的鼓励给梅华平带来了力量，梅华平顶住压力，发挥集体的智慧，逐一分析探讨设备指标低的可能原因。他们克服了设备拆卸安装复杂、每次实验都需要反复拆装设备等重重困难，经过连续3个月完全无休的实验室调试，最后，他们终于找到了设备技术指标上不去的原因，课题也顺利结项。

有集体智慧，
不惧思维盲点

　　2010年9月，26岁的张敏风华正茂，她来到合肥科学岛，攻读中国科大核燃料循环与材料专业的博士。3年后，她正式成为核能安全所的一员，从事铅基堆氧控技术研究。

　　1984年，张敏出生在河北保定的一个小村庄。父亲读过中学，在村子里算是文化人了。母亲也上过学，在张敏读小学时，她常常辅导女儿做作业。

　　为了保障家庭经济来源，父亲在北京一家国营单位上班。在孩子们的记忆中，父亲几乎长年在外，即使回家也因为言语不多而显得很严厉。他与孩子们交流更多的是教孩子如何做人，他对孩子们说，任何时候都要守住做人的底线，始终拥有一颗乐观积极和善良的心，要有一股不服输的劲头。

张敏从奶奶那里得知，父亲是因为家庭变故而中止学业的，但他自学中医，学会了诊脉、针灸等，常常为亲戚朋友免费诊病。每当村医邀请父亲一同开门诊时，他都摆摆手。他宁愿拿着一份微薄的工资养家糊口，也不肯另辟财路。

也许是出于对父亲的崇拜，张敏最初的理想是成为一名医生。高考后，志愿中大部分为医学院校，但命运安排她进了河北师范大学物理专业。一开始还有些失落，但随着课程和实验的开展，她发现，原来物理学这么有趣，这么深不可测，很多未知的现象和问题都吸引着她去探索。

河北师范大学物理学专业人才济济。固体物理老师讲他在合肥科学岛固体物理研究所的求学经历，高等数学老师讲中国科大的搬迁和发展史。虽然那时候张敏觉得这些都很遥远，但她的心中却被老师们播下了科研的种子。本科毕业后，她就报考了中国科大凝聚态物理硕士，后来又继续读博。

在中国科大的校园里，张敏经常看到有骑着自行车、头发花白的院士，在实验室和学生一起做实验、在课堂上与学生一起讨论问题的科研"大牛"。

"这些人间烟火气里的科学家朴素得看不到一点特别之处，可正是这些科学家推动着科学的发展、技术的进步！"张敏感叹地对同学说道。

来到科学岛后，张敏发现身边许多人潜心科研，在科学高峰上"华山论剑"。这对张敏内心的触动很大，她崇拜的正是这些耐得住寂寞、经得住诱惑、以国家重大科研需要为己任的科学家。

　　科研之路是一步步探索出来的。在最初开展氧控实验时，由于摸不清铅铋的溶解氧性能，氧浓度一直无法控制到目标值；在做静态罐体实验时，长达两周的还原实验后，氧浓度始终没有变化，实验组成员一筹莫展。张敏静下心来查找资料，请教专家，后来发现铅铋与氧超强的结合性能后，通过改进气体系统密封性，增加反应气体流量、反应气体浓度、反应接触面积等一系列措施，她终于在短时间内将氧浓度从饱和浓度降到目标值$10-6wt\%$。这一节点性的胜利为后面的准确控氧、稳定控氧提供了前期准备和工作思路。

　　对于研究前景，张敏充满信心，她给自己的定位是继续深入开展铅基合金氧控技术研究，设计铅基堆用氧控系统并完成工程验证，最终实现在反应堆上的设计应用。

　　除了张敏，他们的集体中，罗林也让人过目不忘。

　　"嘿，你好！"

　　大家至今还记得罗林第一次来科学岛与大家打招呼的情景。那一声干脆的"你好"，让青春飞扬的他显得很干练。

　　那是2014年12月，北风轻轻吹过蜀山湖。29岁的罗林读完博士后，怀着理想来到科学岛，进入核能安全所。此后的时间里，他从事微小堆关键部件材料研发与服役性能评估研究。

　　时间回到1985年，罗林出生在湖南省邵阳市隆回县。父亲在县农产品公司工作,母亲是地质队员,这样的家庭让罗林从小就有良好的学习条件。罗林说他选择核能安全研究与家庭有很大关系。外公是抗美援朝老兵。1955年3月,国家从抗美援朝归来的部队抽调精干人员,在广西富钟县花山(新中国第一块铀矿石的发现地)成立了地质部三〇九队第一分队(三〇一大队的前身)。罗林的外公就是其中一员,承担找矿的工作。

三〇一大队是全国组建最早的铀矿地质大队之一,队员们转战湘、桂、粤、黔、赣、豫、滇等7省16个地区,发现了国家最早开发利用的铀矿矿床。

罗林的母亲也是这支地质队的一员。正是受到外公和母亲的影响,罗林才从小就对核知识有了一定了解。

2003年,罗林从隆回县第一中学毕业,考取西北工业大学材料科学与工程专业,此后在这里进行了硕博连读。他在导师介万奇的指导下,从事抗辐照红外探测材料HgInTe的研究,他所在的课题组主要从事核辐射探测用Ⅱ-Ⅵ族半导体CdZnTe及其器件的研究。在这期间,他对实验用的小型核辐射源60Co、137Cs有了一定的了解和认识,并利用西北核技术研究所的脉冲反应堆进行了辐照实验。

高中时,罗林就喜爱科学。他崇拜钱学森,特别是了解到他在中国导弹、航天领域的贡献后,罗林就反复告诉自己,一定要向楷模学习。

加入微小堆技术团队后，罗林先是负责完成了多台/套铅铋环境力学装置的研制与升级。他带头完成的两套装置属国内首创，当时已达到国际先进水平。考虑到现有材料应力腐蚀周期长、花费多的问题，罗林基于高通量思想改进了应力腐蚀实验，显著缩短了堆设计与应力腐蚀试验之间的迭代周期。后来，他又负责大型多功能铅铋腐蚀与冷却剂工艺回路运行的工作。

　　2004年9月，团队来了一位姑娘，她叫陈春花，圆圆的脸庞上架着一副眼镜，她的研究方向是辅助决策关键技术。

　　陈春花的老家在浙江衢州的一个小山村，那里依山傍水，风景秀丽。

父母勤劳善良，以种植果树获得收入，供孩子们上学。受父母影响，陈春花从小就懂得要靠刻苦努力、靠自己的双手去创造属于自己的生活。

2001年，她考取了兰州大学，学的是材料物理专业。大二的时候，导师推荐陈春花读一本混沌学的学术参考书。很多人认为深奥晦涩的专著，陈春花却读得津津有味。导师胡碧涛1996年获得俄罗斯圣彼得堡大学博士学位，并曾在美国国家实验室CEBAF从事博士后研究，他有开阔的科研视野，他敏锐地发现陈春花可以走学术与科研的路线。于是，陈春花走进实验室，开始从事科研工作，并顺利获得了粒子物理与原子核物理专业的硕士学位。

投身科研之后，陈春花发现这里面有许多乐趣。不久，她前往美国汉普顿大学攻读物理学博士学位。汉普顿大学有一群可爱的科学家，他们对待科研工作严谨认真，生活十分简单。周末或者假期，他们还会邀请陈春花等留学生参加家庭派对。

博士毕业后，陈春花在海外做了一年博士后研究工作，随后她便选择了合肥的科学岛。虽然这时候核能安全所才刚成立不久，但陈春花认为，对年轻人来说，核安全的科研前景非常好。

陈春花研究的领域主要包括核事故后果评价、辅助决策、信息化平台等，通俗地说，就是核电站发生事故后，该如何迅速

234

而科学地进行事故评价,并制定科学的应急对策等。除了核应急,反应堆数字孪生模拟技术也是她新的研究方向。这项技术可以应用到先进核能系统的设计安全领域,甚至以后可以为太空飞船使用核动力系统提供参考。

"科研的过程,就是不断克服困难的过程,每天进步一点,量变最后引起质变,获得一次大的飞跃。"陈春花对此深有体会。

团队里另一位成员名叫曾梅花,来自江西抚州金溪县的一个农民家庭。江西抚州自古文风昌盛,唐朝时一度被称为"临川郡"。宋代改革家、思想家和文学家王安石,大散文家曾巩,词坛巨擘晏殊、晏几道,哲学家陆九渊,明代戏曲作家汤显祖等

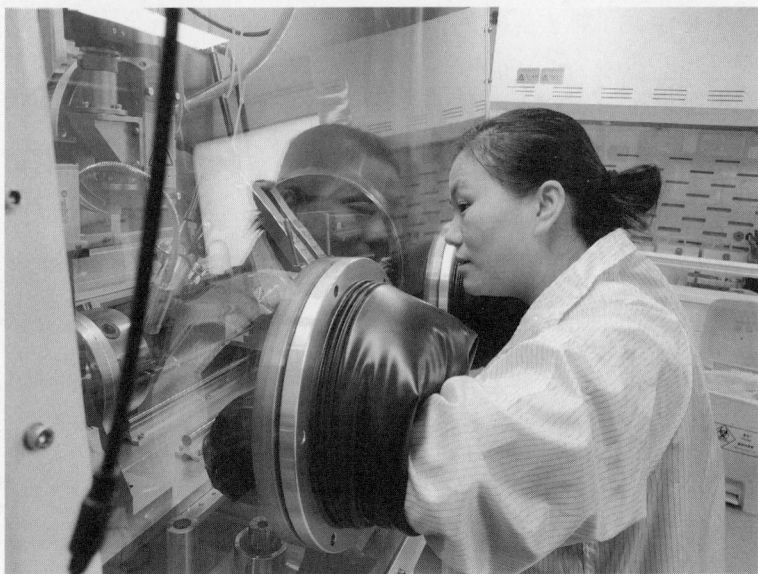

都出生在这里,因此有"才子之乡、文化之邦"之称。

当曾梅花第一次向同事介绍自己说"大家好,我来自抚州金溪县"时,同事们不约而同笑着说:"哇,你是方仲永的老乡啊。"

相处不久,大家便发现,这位方仲永的老乡可聪明了,做事也特认真。

曾梅花有一个哥哥,但父母丝毫没有重男轻女的思想,反而非常支持她读书。曾梅花的成绩优异,一路过关斩将,考取了金溪一中。

高二时,很多女同学都选择了文科。曾梅花则选择了理科,她在数理化的世界里学得津津有味。老师们描述的那些科学奥秘激发了她去探索的欲望。

当年高考,曾梅花以近630分的优异成绩走进了合肥工业大学。"命运安排我学机械,这才有了后来与科学岛的缘分。"曾梅花经常这样说。人生的路漫长,但关键的只有几步,不同的选择决定了不同的人生。

在合肥工业大学,曾梅花不仅认真钻研专业课,还选修了其他相关课程。她热爱文学,经常写诗歌、散文,还是学院文学社社长。

2009年,曾梅花来到科学岛中国科学院等离子体所开展课题研究,在核能安全所工作后,她攻读了核能科学与工程专业的博士研究生。

曾梅花现为微小堆反应性控制系统、反应堆系统集成技术任务组组长，研究方向为反应堆总体结构设计、控制棒驱动机构、换料机构等核关键设备研发。

微小堆如何做到体积更小、质量更小？降低控制棒驱动机构堆顶高度是反应堆做小的有效途径之一。曾梅花大胆提出一种一体化驱动及传动系统，这种系统可大大降低控制棒驱动机构的高度。但即便如此，许多问题仍摆在面前：由磨损导致的误差如何补偿？高温下轴承卡死了怎么办？异常断电了怎么办？核安全是核能与核技术利用事业发展的生命线，在核设备机构开始设计时，就必须充分考虑安全保障措施的有效性、合理性。

在液态金属反应堆内高温辐照浮力条件下，很多常规条件下的运动控制会变得异常艰难。曾梅花带着同事全身心投入到样机的试验及验证工作中，不断改进设计及部件薄弱环节。

探索是没有止境的。她和同事们的研究也从未停止过。

曾秋孙就是其中之一。曾秋孙的研究方向为聚变中子源。为了满足安全需要，他需要计算纯物理辐射有多少，以确保仪器、设备、人员的安全。

曾秋孙来自广西南宁。父亲在兄弟姐妹中排行老大，多年来一直默默承担大家族中的种种责任；母亲性格谦逊内敛。受父母影响，曾秋孙朴实，有担当意识。也因此，在南宁市八中读书时，他被大家推选为班长。

在中国石油大学应用物理专业就读期间，曾秋孙开始接触科研，参加大学生创新大赛，跟着老师、师兄做课题，慢慢知道了如何开展实验、处理数据、写实验报告等。对科研有了初步认识后，他决定考研深造。

高中时，学校曾邀请中国科学院的科研人员来学校做太空科普讲座。在这次讲座中，曾秋孙第一次听说碳纤维材料能够在太空电梯中应用。讲座结束后，他根据自己的感受提了几个问题，也因此获得了一枚中国科学院院徽。正是这次讲座激发了曾秋孙对科学及对中国科学院的向往。报考的研究生学校，他选择了中国科学院。

就读研究生期间，曾秋孙用英文写了一篇科研文章，一位师兄看后鼓励他尝试往聚变领域顶级期刊 *Nuclear Fusion* 投稿。投稿后，评审专家给的意见很多、很尖锐。曾秋孙没有放弃，两次申请延长回复时间，他趁机补充翔实的模型及充分的分析过程。最终，他的认真钻研打动了审稿人，文章得以成功发表。这件事给了曾秋孙深深的启发：做科研要有坚持不懈的精神。他把这种精神带到工作中，努力做好聚变中子源项目任务，此外，他还坚持在先进铅铋反应堆物理设计方面不断探索。

和曾秋孙不同的是，戈道川是个地道的安徽小伙儿。他来自安徽寿县。寿县原名寿春，是一个文化底蕴深厚的淮河之畔的古县城,战国时曾经是楚国都城,现在是国家历史文化名城。

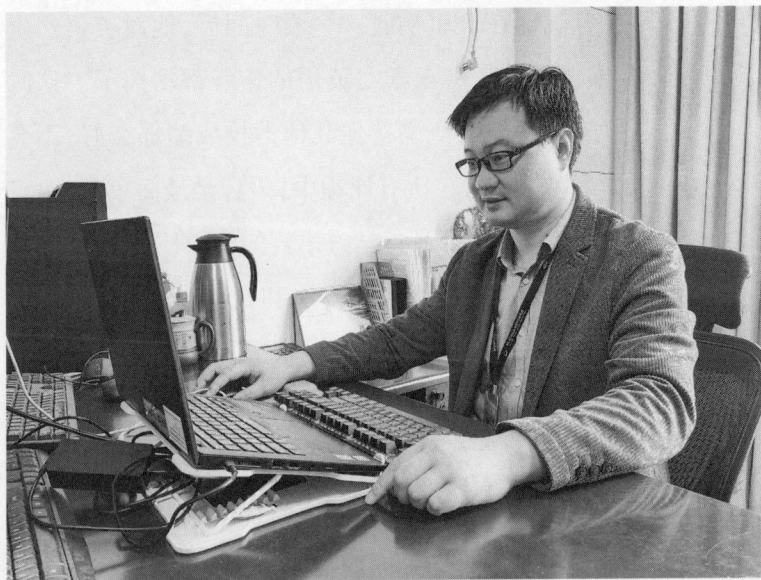

戈道川的父亲是一名小学老师。在戈道川的眼中,父亲知识渊博,做事严谨踏实,为人宽厚,很受家乡人尊重。很小的时候,父亲就告诉儿子要努力读书,他说得最多的一句话是"万般皆下品,唯有读书高"。

稍稍大些,戈道川看的书多了,便开始质疑父亲的话:"不是说'行行出状元'吗?"

"是'行行出状元',但通过读书出来的状元非同一般。"父亲依然坚持对读书的重视,他依然告诫儿子,要努力学习,做一个对社会、对国家有用的人。

戈道川说,自己一路走来,最要感谢的是自己初中的英语老师。他刚刚接触英语的时候,学起来非常吃力。听说读写样样不行,每次考试都在班里垫底。一段时间后,他对英语产生了一种恐惧感、挫败感,甚至学习英语的信心都动摇了。这时候,英语老师柴花菊鼓励他说:"你其他学校成绩那么好,不会学不好英语。你要相信,在所有课程中,语言是最简单的,语言就是交流的工具,每个人都具备学习语言的能力!"

柴老师耐心教他学习英语的方法和技巧,安排同学帮助他。在老师和同学的帮助下,戈道川渐渐重拾信心。一段时间后,他的英语成绩从班级垫底一跃至前茅。

高中时,戈道川最喜爱物理、化学的实验课。当实验印证理论后,他心中总觉得甜甜的,似有一股甘泉流淌。对科学的兴趣也如落地的种子,逐渐发芽、成长。

了解到发展核电对保障我国能源安全和实现"双碳"目标的意义后,戈道川便确立了自己的理想。2016年7月,他获得上海交通大学核科学与工程博士学位后,便加入了合肥科学岛微小堆技术团队,从事核能复杂系统可靠性与概率安全评价研究。

团队里每一位成员都有一种拼搏精神,戈道川也不例外。2021年8月,正值高温假,戈道川接手的一个重点项目的核心计算引擎遇到技术瓶颈,软件计算结果出现异常,项目推进工作受阻。这时候,他父亲又偏偏因脑梗紧急住院,加上孩子较小,妻子上班无暇顾及,一时间,科研和生活的难题全部压在了他的肩头。

但科研工作时间紧、任务重,为了保证项目在节点顺利完成,戈道川将办公地点转移到了父亲的病房,在照顾父亲的同时,积极推动项目进展。经过百余次的线上或线下研讨及三十多天的攻坚克难,他最终成功解决了软件平台遇到的技术难题,保证了该项目在重要节点顺利完成。

在微小堆技术团队里,还有很多年轻的技术骨干。比如来自浙江开化县的程雄卫,他是2012年进入科学岛的,他研究的主要方向是辐射防护;比如何梅生,他负责堆的结构布局,也就是如何让堆小型化,以便应用和推广;比如贾江涛,他负责换热器设备,也就是要把堆内的热导出去……

这一年轻的群体,有干劲,有冲劲;他们还是一个团结的集体,当个人遇到知识盲点时,会和其他人一起探讨,发挥集体智慧去攻坚克难。他们将国家战略内化为自身使命,将攻关核心技术作为奋发进取的原动力,以"时不我待"的紧迫感和责任感,一步步前行!

青春力量
追寻科学之光的故事

后　记

　　2022年,我创作了《科技风华——合肥籍院士的故事》,呈现了徐克勤、杨振宁、吴新智等资深院士的科技人生与他们的家国情怀。随后,在合肥市科学技术协会的组织、带领下,走进中小学弘扬科学家精神。在这个过程中,我感受到了校园内的科技氛围,感受到了学生们对科学的向往。

　　"科学技术是第一生产力",科技蕴藏着无限可能。小时候不经意播下的一颗科技种子,或许就能改变孩子们的人生方向。所以,当合肥市科学技术协会、安徽科学技术出版社提出写合肥科学岛青年科学家的故事时,我欣然应允,这是弘扬科学家精神的最好题材。

　　我从诗歌、散文写作转向人物写作,是在2004年。从《面朝大海　春暖花开——海子的诗情人生》到《严凤英一家人》,从《为黄山而生——童乃寿传》到《沧桑风骨——新安画派张家百年丹青》,我写文艺名流较多。2012年,一个大雪纷飞的日子,我走进中国科学院原副院长、气象学家叶笃正先生的家,随后为叶先生完成了一部传记。从那以后,我开始关注科技人物。科技与人文,是人类社会得以腾飞的两翼。在风云变幻的当今世界,科技尤为重要。

在近一年的时间里,我走近合肥科学岛上30多位青年科学家。他们中大多数来自农村,靠自己的努力攻读博士学位,靠读书改变了自己的命运。他们围绕国家战略、聚焦"卡脖子"技术,在安静的岛上,淡泊名利,忘我工作,用自己的知识为国家做贡献,也成就了自己的精彩人生。我想,对青少年而言,这是最为生动的教育实例:只要心中有理想,只要刻苦努力,就能实现自我价值,成为对社会有贡献的人。

感谢合肥市科学技术协会、安徽科学技术出版社领导的再度信任。于我而言,写作是艰辛的,也是不断获得成长的过程。感谢中国科学院合肥物质科学研究院领导的大力支持,感谢我高中同学、在科学岛工作的林新华博士的帮助,尤其是科学岛上院长办公室宣传主管袁春杰的悉心协调,感谢本书责任编辑陈芳芳的精心付出,有了大家的支持,才有本书的顺利出版。不足之处,敬请批评指正。

点亮科技之光,我们走向美好未来!

周玉冰

2023 年 11 月 17 日于合肥

青春力量
追寻科学之光的故事